JN241304

マンガでわかる!

幼稚園教育要領

2017年告示対応版

著 浅井拓久也
マンガ トオノキョウジ

中央法規

はじめに

本書は、平成29年3月に告示された『幼稚園教育要領』（以下、『要領』）について、何が新しく追加されたのか、どこが変更されたのか、なぜ変更されたのかなど、『要領』について学ぶためのものです。幼稚園教諭として勤務している方や、これから幼稚園教諭になろうとする方を主な対象にしています。

本書の特徴は、マンガと解説文を使っていることです。なぜこうしたやり方にしたのかというと、『要領』を読むことは大変しんどいからです。『要領』は、イラストや図表はいっさいなく、文字だけで示されています。また、難しい言葉や言い回しもあります。さらに、その分量も結構あります。こうした難しさに加えて、今回の『要領』では、これまでの『要領』にはなかった新しい考え方が示されています。例えば、「幼児期の終わりまでに育ってほしい姿」や「全体的な計画」です。このように、『要領』を読むことは、映像やイラスト、図表を用いた文章や書籍が多くある今の時代においては、大変しんどいことなのです。

そこで、本書では、マンガと解説文を読むことで『要領』を理解できるようにしてあります。マンガを読めば、要点を楽しく、素早く理解することができます。また、解説文も平易な言葉と具体例を用いて書かれていますので、内容のイメージがわきやすいでしょう。もちろん、『要領』は一言一句に意味を込めて書かれていますから、マンガや解説文だけでは説明が足りないこともあるかもしれません。しかし、どれほど大事なことが書かれたものでも、そもそも読者が読もうと思わなかったり、読んでも意味がわからなかったりするのなら、そこに書かれている大事なことや伝えたいことは理解されません。まずは概要や要点を素早く押さえ、それから細かいところまで理解すればよいのです。

そこで、まずは本書を読んでください。本書によって、『要領』を理解するきっかけを作るのです。次に、『要領』そのものを読んでください。本書の役割は、『要領』をきちんと理解するきっかけを作ることです。最終的には、『要領』を丁寧に読む必要があります。だからこそ、解説文の中に『要領』からの引用が多くあります。解説文の中で「　」がついている部分は、『要領』からの引用です。最後に、『要領』と毎日の指導をつなぐようにしてください。つなぐとは、今日の指導は『要領』のどこに対応しているか、『要領』が示す指導に近づけるためにどこをどのように改善したらよいかを考えることです。

教師は『要領』に示されている原理や原則に従って指導しなくてはなりません。つまり、『要領』をきちんと理解していないと、適切な指導ができなくなります。本書をきっかけとして『要領』をきちんと理解し、毎日の指導に生かすようにしてください。それによって、幼稚園教育の質は高まるのです。

最後に、本書の類書として『マンガでわかる！保育所保育指針２０１７年告示対応版』があります。幼稚園教育には保育所保育は関係ないと思う方もいるでしょうが、実はそうではありません。幼稚園でも乳児保育や養護の原理や原則を理解しておく必要があります。また、「幼児期の終わりまでに育ってほしい姿」のように、幼稚園にも保育所にも共通する考え方について、本書とは異なる具体例や事例も紹介してあります。本書を読み終わった後はこの本も読み、さらに学びを深めてください。

２０１９年９月

浅井拓久也

目次

登場人物紹介

つぼみ先生

幼稚園教諭１年目の新人さん。
真面目で一生懸命だけど、
机に向かってお勉強するのはちょっと苦手。
でも、子どもたちとふれあうのは大好き！

かおり先生

主幹教諭として
園の先生たちをまとめるベテラン先生。
悩めるつぼみ先生の陰日向となって、
困った時やわからない時に支えてくれる、
頼もしい先輩です。

こころちゃん

つぼみ先生のクラスに今年入園した年少さん。
お花や生き物を見るのが大好きな、
やさしい女の子です。

幼稚園の先生たち

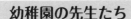

第1章

総則

1　幼稚園教育要領とは

わあ！
新入生の子がいっぱい！
今日から私も
この幼稚園の一員！
あそんで！
ふれあって！
なかよくなるぞー！
おはようございますつぼみ先生

かおり先生！これからよろしくお願いします！
こちらこそよろしくね いよいよ今日からね
実習の時に出会ったかおり先生
この先生にあこがれて私はこの幼稚園を志望したんです
あそびもふれあいも大事だけど
『幼稚園教育要領』は
ちゃんと持ってるかしら？
はい！
かばんのなかにえーっと…
あ、あった！
でもこの本ほんとうに文字ばっかりで
どんな時に役に立つのかいまいちわからなくて…
なるほどね

『幼稚園教育要領』は
子どもがどこの幼稚園に通っても一定の水準の教育を受けられるよう
幼稚園教育や運営について基本的な考え方や方針を示したもの
幼稚園教諭がこれを守ることで
全国の教育水準を一定にすることができるのよ
じゃあ『要領』は先生全員が守っていないと
そう 意味のないものになってしまうの
でもどういう時にこうするみたいな
すぐに使えそうな具体例とかが全然のってなくて…
えほん
そうね『要領』には最低限のことしか書かれていないわ
それは全国の幼稚園それぞれ事情が違うからよ
地域や規模教育方針先生の経験の差
だから『要領』には方針や方向性だけが示されているの
でも今の子と昔の子って全然違うし
昔から変わらないことってあまりないんじゃ…

だから『要領』は改訂されていくのよ
幼稚園教育要領
平成29年3月
文部科学省
改訂？
つぼみ先生の言う通り時代によって子どもが育つ家庭や地域の環境
子育ての考え方も変わってきたわ
預かり保育や幼児教育の質が重要視されたりして
幼稚園の役割も変化してきたの
二〇一七年の改訂で五度目の改訂になるわ
『要領』は常に時代に即した内容や新しい研究成果を取り入れた内容に変わっていく必要があるのよ
一九五六年
一九六四年
一九八九年
一九九八年
二〇〇八年
二〇一七年
スマホゲームのアップデートみたいですね
そんなに頻繁にはされないけど…

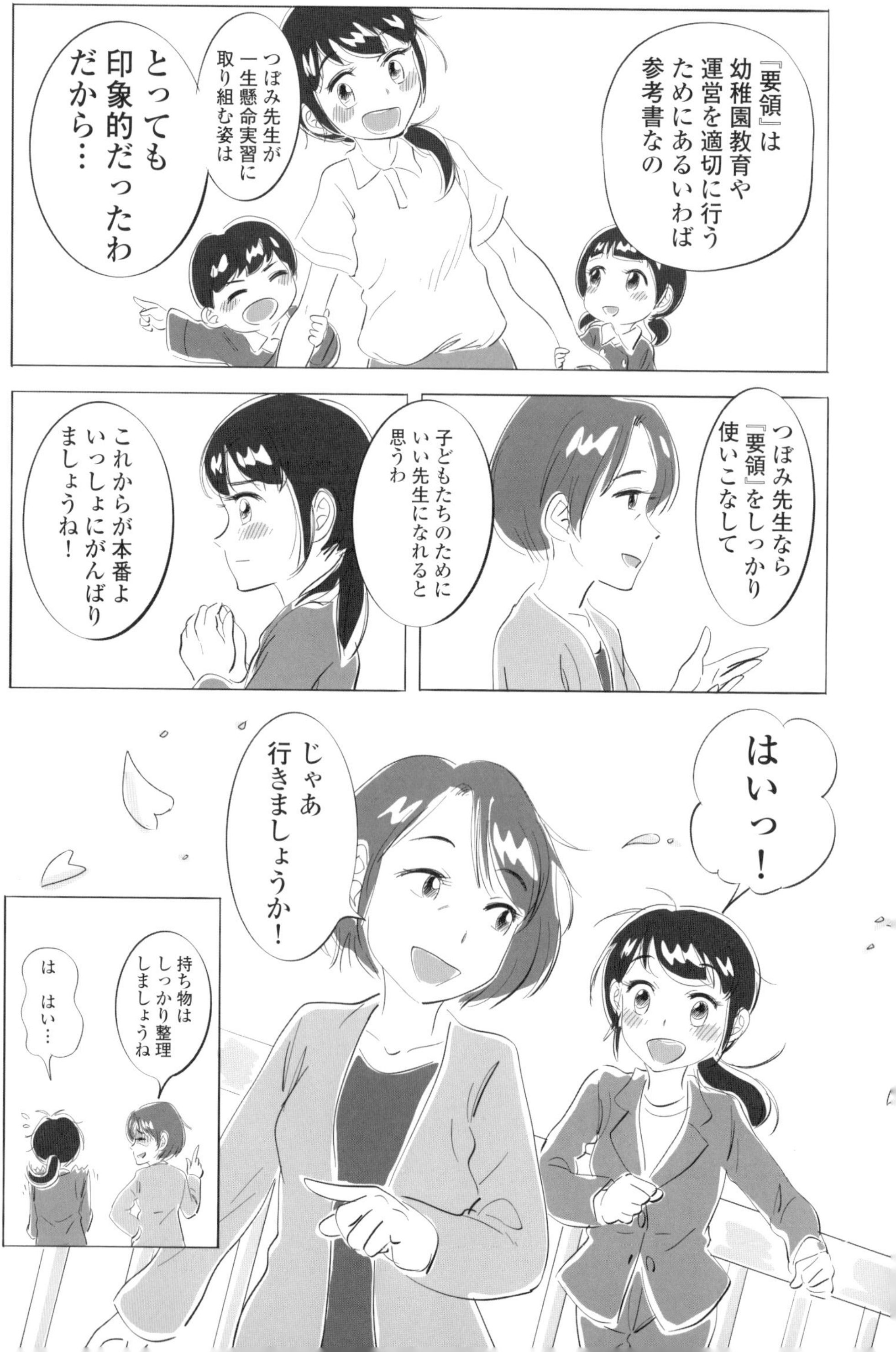
『要領』は幼稚園教育や運営を適切に行うためにあるいわば参考書なの
つぼみ先生が一生懸命実習に取り組む姿は
とっても印象的だったわ　だから…
つぼみ先生なら『要領』をしっかり使いこなして
子どもたちのためにいい先生になれると思うわ
これからが本番よいっしょにがんばりましょうね！
はいっ！
じゃあ行きましょうか！
持ち物はしっかり整理しましょうね
は　はい…

1-1 幼稚園教育要領とは

『幼稚園教育要領』（以下、『要領』）とは、幼稚園教育や幼稚園運営に関する基本的な方針や方向性をまとめたものです。また、『要領』は文部科学大臣によって告示されています。告示とは、『要領』に示されている方針や方向性に従ってくださいという意味です。

『要領』が必要とされる理由は、子どもがどこの幼稚園に通っても一定の水準の教育を受けられるようにするためです。『要領』には、「公の性質を有する幼稚園における教育水準を全国的に確保する」と示されています。もちろん、幼稚園によって目標や方針は様々ですが、幼稚園教育や幼稚園運営の基本的な考え方やルールはどの幼稚園でも変わりません。この変わらない部分をしっかり守ることによって、全国どこの幼稚園でも一定の水準の教育になるようにしているのです。

一方で『要領』には、「大綱的に定める」とあるように、大まかな内容しか書かれていません。なぜなら、日本の各地の幼稚園の事情が異なるからです。都会にある幼稚園もあれば、自然に囲まれた幼稚園もあります。運動会や発表会に力をいれている幼稚園もあれば、食育に力をいれている幼稚園もあります。このように、各幼稚園で事情が異なるので、『要領』には具体的な教育方法や内容ではなく、方針や方向性だけが示されているのです。

しかし、幼稚園教育の方針や方向性だけ読んでも、なぜそうするのがよいか、具体的にどのように指導したらよいか、イメージがわかないことも多いでしょう。でも、安心してください。『幼稚園教育要領解説』（以下、『解説』）というものがあります。これは、『要領』に示されている方針や方向性について、詳細な説明や具体的な指導のやり方を説明したものです。

例えば、『要領』の「人間関係」の箇所には、「自分でできることは自分でする」とあります。しかし、これだけでは、なぜそうするのがよいのか、なぜこうしたことが示されているのかわかりません。そこで、『解説』には、「単に何かを「できる」、「できない」ということのみが問題ではなく、あくまでも自分でやりたいことを意識し、自分が思ったことができたということを喜ぶ気持ちが大切である。自分でやってみたいという意欲をもったり、やったらできたという充実感や満足感を味わったりすることが自立の第一歩である」とあります。『解説』を読むと、指導をする際、〝片づけなさい〟、〝こうすれば上手にできる〟というように、教師が一方的に指示をしてできるようにさせることではなく、子どもが片づけをしようという気持ちになったり、自分が考えていることを試行錯誤しながら実現したりすることが重要であるとわかります。

『要領』は幼稚園教育や幼稚園運営に欠かせないものですが、時代とともに内容が変わってきました。これを改訂と言い、今回で5回目です。なぜ改訂されるのかというと、時代によって、子どもが育つ家庭や地域の環境、子育てに対する考え方ややり方が変わるからです。例えば、多くの女性が専業主婦であり、子どもも自宅や地域で過ごす時間が多かった時代と、多くの女性が働き、子どもも自宅や地域で過ごす時間より幼稚園で過ごす時間の方が多い時代では、子どもにとって必要な教育の内容や幼稚園に求められる役割も異なります。

このように、『要領』は幼稚園教育や幼稚園運営を適切に行うための参考書です。だからこそ、『要領』に対する理解を深める必要があるのです。

2　前文とは

『幼稚園教育要領』をさっそく最初から読み直してみることにしました
今度の改訂で『前文』が新たに加わっているから
飛ばさずにちゃんと最初から読んでてね
私たちの頃みたいに幼稚園から帰って外で遊んだり家族と過ごす子が多かった時代と
スマホやタブレットが身近になったり
預かり保育などで長い時間園にいる子が多くなった今の時代では
学ぶべきことも教え方も全然違いそうでしょ？
今の幼稚園の教育に何が求められるか
『前文』に書かれているからじっくり読んでみてね
なるほど　まずは『前文』からね！

教育の目標

『要領』は『教育基本法』の理念や目標を踏まえたものだから
『要領』に即した教育課程のために
教育基本法
幼稚園教育要領
教育課程
まずは『教育基本法』を理解する必要があるのね

社会に開かれた教育課程の必要性
社会に開かれた幼稚園づくり!!
・商店街たんけんについ
・ご協力のお願い
・今後の予定
今年の年長組は「商店街たんけん」をしてみたいと考えています
おもしろそう!
一緒にやりましょう!
○○幼稚園 教育課程
そうね 24時間園の中で過ごしているわけじゃないんだし
私たちがどんなふうに子どもたちを育てたいのかをオープンにして
保護者の方や地域の方にも協力してもらわないとね
ここもメモね・・

「要領」を踏まえた教育を行う必要性
にしはら みさき
私たちの毎日の活動や教育が『要領』とどうつながっているか
どうしたら『要領』に示されていることが実現できるか
それをちゃんと考えていくことでよりよい指導にしていけるというわけね

この『前文』を
しっかり踏まえた
上でようやく
本題なのね
寝てる間に
「ぜんぶ」
頭に入ってて
くれないかなぁ
なんつって…
スヤァ…
おはよう
ございまーす!
ギリギリ遅刻回避…!
あら
ずいぶん
遅くまで『要領』
読んでたのね
え?
そうですけど
どうして…
ああっ
顔に「ぜんぶ」
写ってる!?
指導に
睡眠学習は
取り入れちゃ
ダメよ
あと寝坊も
ダメね

1-2 前文とは

『要領』には、前文があります。前文とは、『要領』の目的や幼稚園教育が目指すものなどをまとめたものです。書籍には「はじめに」があることが多いでしょう。ここには、なぜその本が書かれたのか、どこに注目してほしいのか、どのようにその本を読んでほしいのかがまとめてあります。前文は、『要領』の「はじめに」に相当するものです。

では、なぜ今回の改訂で前文が新設されたのでしょうか。それは、これからの時代の幼稚園教育に求められることを示すためです。教育課程の4時間だけを幼稚園で過ごし、家庭や地域の中で1日の大半を過ごす子どもが多くいた時代と、預かり保育を活用して幼稚園で1日の大半を過ごす子どもが多くいる時代の幼稚園教育は様々な点で異なります。また、スマートフォンやタブレットのようなデジタルデバイスが身近なものになっている時代では、幼稚園教育で学ぶことや学び方もこれまでとは異なることもあります。このように、幼稚園教育に求められることが変わってきたからこそ、これから何が求められるのかをきちんと示す必要があったのです。

前文には3つの要点があります。まず、『教育基本法』を引用して、教育の目標が示されています。『教育基本法』とは、日本の教育に関する法律の中で最も上位にあるものです。具体的には、「幅広い知識と教養を身に付け、真理を求める態度を養い、豊かな情操と道徳心を培うとともに、健やかな身体を養うこと」、「個人の価値を尊重して、その能力を伸ばし、創造性を培い、自主及び自律の精神を養うとともに、職業及び生活との関連を重視し、勤労を重んずる態度を養うこと」、「正義と責任、男女の平等、自他の敬愛と協力を重んずるとともに、公共の精神に基づき、主体的に社会の形成に参画し、その発展に寄与する態度を養うこと」、「生命を尊び、自然を大切にし、環境の保全に寄与する態度を養うこと」、「伝統と文化を尊重し、それらをはぐくんできた我が国と郷土を愛するとともに、他国を尊重し、国際社会の平和と発展に寄与する態度を養うこと」の5つです。

次に、**社会に開かれた教育課程の必要性が示されています。**『要領』には、「よりよい学校教育を通してよりよい社会を創るという理念を学校と社会とが共有し、それぞれの幼稚園において、幼児期にふさわしい生活をどのように展開し、どのような資質・能力を育むようにするのかを教育課程において明確にしながら、社会との連携及び協働によりその実現を図っていくという、社会に開かれた教育課程の実現が重要となる」とあります。

教育課程とは、車や飛行機のエンジンのようなものです。エンジンがないと車や飛行機が前に進まないように、幼稚園教育や幼稚園運営を適切に行うためには、教育課程は欠かせません。

また、社会に開かれた教育課程とは、家庭や地域、小学校や中学校のような他の学校と連携したり協力したりして、子どもの育ちを支えていくということです。例えば、保護者と教育課程を共有し、必要に応じて保護者も参加した教育を行うこともできるでしょう。小学校教諭と教育課程を共有することで、年長時の教育内容と小学校入学直後の教育内容のすり合わせをして、子どもたちが小学校教育に円滑に進めるようにすることもできるでしょう。このように、教育課程は幼稚園内の人的・物的な環境だけを考えて作るのではなく、幼稚園外の様々な要素を考慮して作り、運用していくのです。

最後に、**『要領』を踏まえた教育を行う必要性が示されています。**『要領』には、「各幼稚園がその特色を生かして創意工夫を重ね、長年にわたり積み重ねられてきた教育実践や学術研究の蓄積を生かしながら、幼児や地域の現状や課題を捉え、家庭や地域社会と協力して、幼稚園教育要領を踏まえた教育活動の更なる充実を図っていくことも重要である」とあります。

『要領』を踏まえるとは、毎日の指導と『要領』をつなげるということです。例えば、今日の指導は『要領』のどの項目とつながるか、『要領』の言葉を使って説明するとどうなるか考えてみるのです。このように、常に『要領』に即して考えることで、指導がよくなっていきます。

前文は、幼児教育と小学校以降の教育のつながりを伝えるためのものでもあります。だから、小学校以降の『学習指導要領』にも前文が新設されました。『要領』と『学習指導要領』の形式を共通にすることでつながりを明らかにしたのです。

3　幼稚園教育の基本

つぼみ先生どうしたのその格好!?
ふっ…
『要領』前文をすべて読み込んだ私はひと味違いますよ…?
子どもたちがどの小学校に行ってもはずかしくないよう
1×2＝？
1×3＝？
教育目標を目指してビシバシ教え込んでいきま
あっ、あのね つぼみ先生
私たちの役目は一方的に教えたり
説明して覚えこませることじゃないでしょ？
あれ？
ガラ…
私たちが幼稚園教育で最も大切にしなければならないことは
『環境』を通して教育を行うことよ
『環境』を？

私たちがするべきことは子どもたちが主体的に活動する中で
気が付いたり興味を持って考えたり学んだりすることができるような
そういう場やシチュエーションつまり
『環境』を用意することなの
でもそれだけじゃみんな好き勝手するだけなんじゃ…
だから子どもたちが自分で興味を持ったり考えたりできるよう3つのことに気を付けるの
ぼくたちにもぬけがらってあるのかな？
幼児期にふさわしい生活を用意する
いたい？だいじょうぶ？

遊びを通して総合的な指導を行う

子ども一人一人の経験や発達状態に応じた指導を行う

確かに先生から教わっただけじゃ
なかなか自分から何かしようと思わないし
自分自身で興味を持って試すことのほうが面白いですもんね
そう それが
私たちが『環境』を通した教育をする理由よ
主体性や自立心は
子どもたちがよりよい人生を送るために欠かせない力よ
「これは何だろう?」「どうすればいいのかな?」「こうやってみよう!」
そうして自分から『環境』に関わって感じて行動して
主体性や自立心は育まれていくの
ずかん
だから『計画的に環境を構成する』ということは
『子どもたちに学んで欲しいことを用意する』ってことになるわね

砂場に置いたお皿やコップを見つけたらおままごとが始まるでしょ
そこに私たちが家族やお店屋さんの役割で加われば
食事や買い物のルールを守る事の「学び」につながるわ
同じ砂場でもバケツやスコップを見つけたら
トンネル作りやお池作りで工夫や協力を覚えたり
身体の動かし方や砂と泥の違いにふれることもできますね
そうね
子どもたちのまわりにある何が教材になって学びにつながるか
それが私たちと
私たちの用意する『環境』次第ってことなのよ
だからつぼみ先生私たちも
子どもたちにとって環境のひとつなんだから
気をつけましょうね！
むぎゅう
ふぁい！

1-3 幼稚園教育の基本

幼稚園教育で最も重要なことは、環境を通して教育を行うことです。『要領』には、「幼児が身近な環境に主体的に関わり、環境との関わり方や意味に気付き、これらを取り込もうとして、試行錯誤したり、考えたりするようになる」とあります。つまり、環境を通した教育とは、教師が一方的に教えたり説明したりするのではなく、子どもが主体的に活動する中で、自分で気がつき、興味や関心をもち、考え、学ぶことができるような環境を用意することです。これは、教師がもつべき幼児期における見方や考え方でもあります。

『要領』には、**環境を通して教育を行う際に特に重視すること**が3つ示されています。まず、**幼児期にふさわしい生活を用意すること**です。『要領』には、「幼児は安定した情緒の下で自己を十分に発揮することにより発達に必要な体験を得ていくものであることを考慮して、幼児の主体的な活動を促し、幼児期にふさわしい生活が展開されるようにすること」とあります。

次に、**遊びを通しての総合的な指導を行うこと**です。『要領』には、「幼児の自発的な活動としての遊びは、心身の調和のとれた発達の基礎を培う重要な学習であることを考慮して、遊びを通しての指導を中心として第2章に示すねらいが総合的に達成されるようにすること」とあります。

最後に、**子ども一人一人の経験や発達段階に応じた指導を行うこと**です。『要領』には、「幼児の発達は、心身の諸側面が相互に関連し合い、多様な経過をたどって成し遂げられていくものであること、また、幼児の生活経験がそれぞれ異なることなどを考慮して、幼児一人一人の特性に応じ、発達の課題に即した指導を行うようにすること」とあります。

なぜ環境を通した教育が必要なのでしょうか。それは、主体性や自立心を育むためです。こうした力は非認知的能力（66頁、コラム1参照）とも呼ばれ、子どもたちがよりよい人生を送るために欠かせない力と言われています。教師が何をすべきか指示を出したり答えを教えたりするのでは、子どもの主体性や自立心は育まれません。そうではなく、子どもが自分から環境に関わり、〝これは何だろう？〟、〝不思議だなぁ・・・〟、〝こうやってみよう！〟というように、感じたり、考えたり、行動することで、主体性や自立心が育まれます。

では、環境を通した教育はどのように行えばよいのでしょうか。『要領』には、「教師は、幼児の主体的な活動が確保されるよう幼児一人一人の行動の理解と予想に基づき、計画的に環境を構成しなければならない。この場合において、教師は、幼児と人やものとの関わりが重要であることを踏まえ、教材を工夫し、物的・空間的環境を構成しなければならない」とあります。

ここから2つのことがわかります。まず、**計画的に環境を構成する**ということです。環境には、教師や子ども、遊具や園庭、自然などたくさんあります。教師が何もしなくても子どもは好きなように遊ぶのだから準備はいらないと思う人もいるかもしれません。しかし、子どもの好きなように遊ばせておけばよいのではありません。教師がどのような環境を用意するかによって、子どもがそこから学ぶことが変わるからです。

例えば、教師が砂場にスプーンやコップを用意しておけば、子どもはままごと遊びを始めるでしょう。ままごと遊びを通して、場面に即した会話をすること、お父さん役や店員役のように自分が担当する役割を果たすこと、ままごと遊びを円滑に進めるためにルールを守ることを学ぶでしょう。また、教師がバケツやスコップを用意しておけば、トンネル作りや穴掘りが始まるでしょう。トンネルを作る過程で、どのように穴をあければ砂が崩れないか、どの角度から穴を掘っていくと上手に穴をあけられるかを考えることで、様々な観点から考えることや試行錯誤することを学ぶでしょう。あるいは、教師がホースや水鉄砲を用意しておけば、泥んこ遊びが始まるでしょう。水浸しになった砂場を走り回り、泥まみれになることで、足場の悪いところを上手に走ることや砂と泥の手触りや性質の違いを学ぶでしょう。

このように、計画的に環境を構成するとは、計画通りに子どもを動かすということではなく、教師が子どもに学んでほしいことを用意するということです。また、計画的に環境を構成する過程で、教師自身が子どもたちに学んでほしいことに気が付いたり、いっそう明確になったりすることもあります。もちろん、子どもが何に夢中になるかは偶然によるところも大きいでしょう。しかし、偶然との出会いは教師の計画的な準備があってのことです。子どもたちの学びが充実するためには、教師の計画的な環境の構成が欠かせないのです。

次に、教材を工夫するということです。教材とは、小学校で使う教科書のようなものではなく、子どもの身の回りにあり、そこから子どもが学べるすべてのものです。つまり、あるものが教材となるかどうかは、教師次第ということです。空のペットボトルが廃材となるか教材となるかは、教師の捉え方によるのです。また、教材の捉え方を広げたり工夫したりするためにも、環境の構成を計画的に行うようにしましょう。教材そのものは目的ではありません。子どもに何を学んでほしいかが重要です。その目的や意図を実現するために必要なものは何かと考えると、いつもは気にもしなかったものに目が向くことがあります。こうして、子どもにとって学びになるような教材を考えていくのです。

4　幼稚園教育で育みたい資質・能力

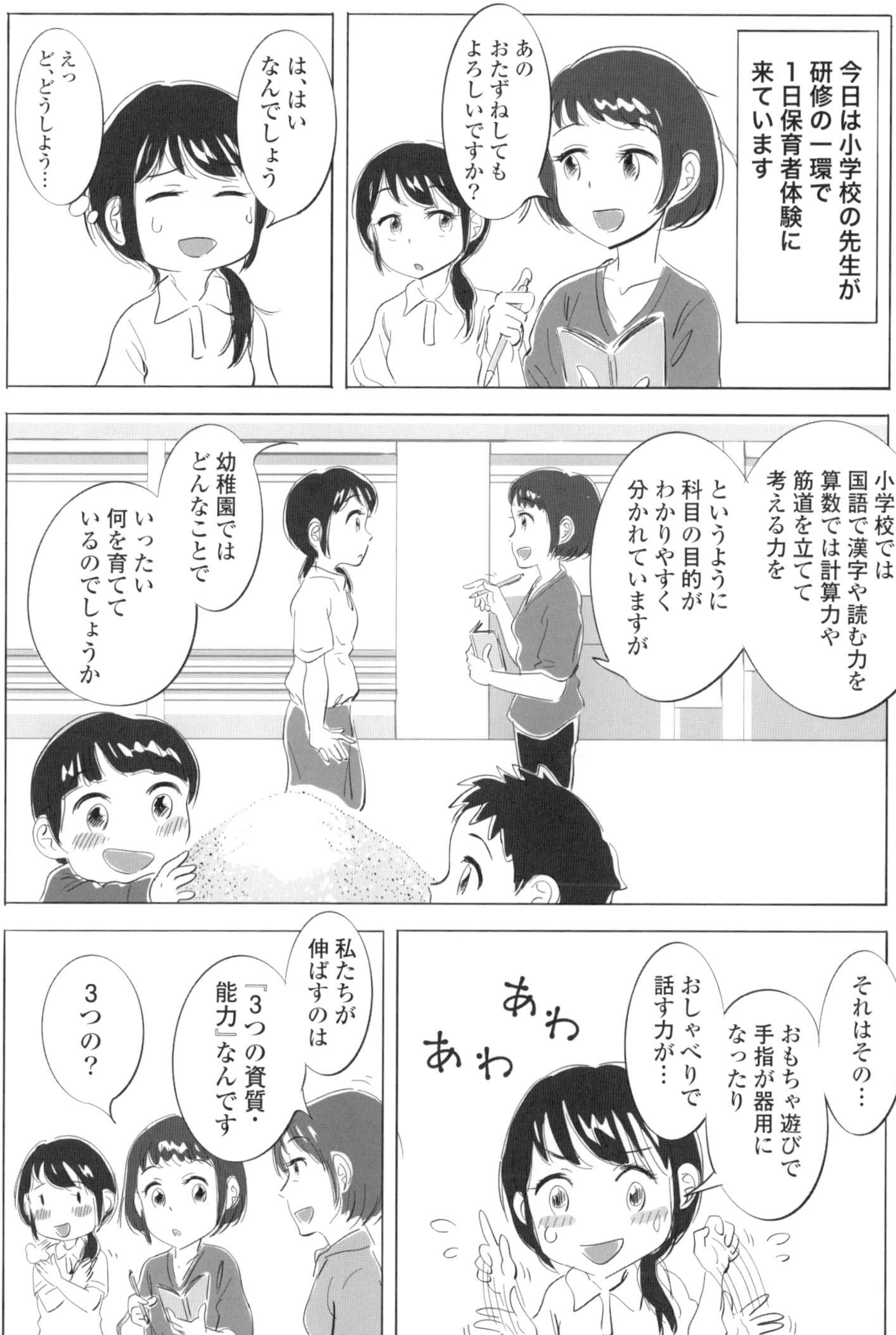

そういえば確かに
小学校の『学習指導要領』にも3つの資質・能力のことが書いてあります
はい
これは国語で伸ばすこれは算数で伸ばすという明確な区分のある
小学校の教科と同じ観点で見ているとわかりにくいかもしれませんが
国語
先生や友達の話を
みんなにわかる
身近なことや
大きな声でわ
数や量、図形を
筋道をたてて
算数
簡単な計算が出
数量や図形についての知識・
数量や図形についての関心・意欲・態
社会事象への関心・意欲・態
社会的な思考・判断・表現
子どもがわくわくするような環境や教材を用意して
子どもたちの学びを支えていくことで
『3つの資質・能力』を育んでいくのが
幼稚園教育の役割なんです
なるほど
目的ごとに何を教えるというものではないのですね
はい
そうした観点で子どもを見て頂くとおわかりになるんじゃないかと
つぼみ先生まで聞く側になっちゃって…

知識及び技能の基礎
豊かな体験を通じて、感じたり、気付いたり、分かったり、できるようになったりする

砂と泥で手触りが違うことを感じ取れたり
積み木の形や叩く強さで音が変わるのに気づいたり
？
体験の中でそうしたことができるようになってほしいということですね

思考力、判断力、表現力等の基礎
気付いたことや、できるようになったことなどを使い、考えたり、試したり、工夫したり、表現したりする
自分のイメージする出来上がりや結末に近づけていくにはどうすればいいのか
自分で考えたり試したりする力の基礎ね
それを繰り返す中で道具の使い方や体の動かし方もだんだん器用になってくるんですね

学びに向かう力、人間性等
心情、意欲、態度が育つ中で、よりよい生活を営もうとする

『態度』っていうのはどういうことですか?
諦めないでやりきろうとか挑戦しようと思う姿勢のことね

幼稚園で『3つの資質・能力』の基礎を育んで
さらに小学校で伸ばしてもらう
それが小学校と幼稚園のつながりでもあるんですね
しかし3つのうち1つだけ「基礎」とつかないものがありますね
知識および技能の基礎
思考力・判断力・
表現力等の基礎
学びに向かう力、人間性
あ ホントだ
それはですね
私たち大人は知識を正確に使って物事を解決するけれど
6÷3=2
等分して
人で
コずつ
この子たちには今は「解決しよう」とする芽生えがあればいい
そして自分たちなりに「正しく」解決しようとする姿勢は大人も子どもも一緒なの
せんせいは おとなだから いっぱい
こころちゃんは おっきいいちご
まさやくんは おとこのこだ
おいちゃんはクリームの
だから「基礎」とはつかないんですね

これら子どもの『3つの資質・能力』を小学校で教科を通して育むように
私たちは毎日の遊びや生活を通して
総合的に育むようにしているというわけです
とてもよくわかりました！
お二人ともありがとうございました！
いいえ…！
今の説明 次回はつぼみ先生がお願いね
ええっ!?
も、もう少しゆっくり基礎を伸ばしても…
つぼみ先生の『学びに向かう力』
楽しみにしてるわね
かおり先生〜！

1-4 幼稚園教育で育みたい資質・能力

幼稚園教育の基本は、環境を通して教育を行うことです。では、こうした教育によって、子どもたちの何を育てるのでしょうか。それが、幼稚園教育において育みたい資質・能力です。具体的には、「知識及び技能の基礎」、「思考力、判断力、表現力等の基礎」、「学びに向かう力、人間性等」の3つがあります。

①知識及び技能の基礎

『要領』には、「豊かな体験を通じて、感じたり、気付いたり、分かったり、できるようになったりする」とあります。例えば、砂と泥では手触りが違うことを感じたり、コップに入れた水の量によってコップをたたく音が違うことに気が付いたりすることです。また、型はめの遊びから、丸いものは丸いところに入れる、四角いものは四角いところに入れるという経験をし、物事には規則があることを理解するようになります。何度か繰り返すことによって短時間でできるようになっていきます。

②思考力、判断力、表現力等の基礎

『要領』には、「気付いたことや、できるようになったことなどを使い、考えたり、試したり、工夫したり、表現したりする」とあります。例えば、園庭で拾ってきた石を鳴らすと音が出ることに気が付き、高い音や低い音、自分が好きな音を出すにはどのような大きさの石を集め、どのようにたたくとよいかを考えたり、試したり、工夫することです。また、片足で跳べるようになったことを使って、リズミカルに跳びはねることで嬉しい気持ちを表現したりすることです。

③学びに向かう力、人間性等

『要領』には、「心情、意欲、態度が育つ中で、よりよい生活を営もうとする」とあります。心情とは、素敵、面白そう、不思議のように感じる心のことです。意欲とは、やってみよう、やりたいという気持ちです。態度とは、最後まであきらめないでやり切ろう、挑戦してみようという姿勢のことです。例えば、ティッシュの箱を上に積もうとすると、積めば積むほど難しくなります。何度崩れても、積み方を変えたり積む順番を変えたりというように、あきらめずに試行錯誤を繰り返し最後までやり切ることです。

では、なぜ今回の『要領』の改訂によって、3つの資質・能力が示されたのでしょうか。それは、幼稚園をはじまりとした学校教育の中で、子どもにどのような力を身に付けてほしいか、どのような力を育てたいかを示すためです。小学校以降の教育では、〝漢字がいくつ書ける〟、〝割り算ができる〟のように、教育を通して子どもが何を学んでいるかがわかりやすい一方で、幼稚園教育では、〝興味や関心をもちましょう〟、〝主体的にやってみよう〟のように、興味や関心や意欲をもった結果、子どもは何を学んでいるのかがあまり明確ではありませんでした。そこで、今回の改訂によって、幼稚園教育を通して子どもが何を学んでいるかを明確にして、この学びが小学校以降の学びとつながっていることや連続していることを示したのです。

しかし、3つの資質・能力は学力とは異なります。なぜなら、これらには、知的な力だけではなく、情意的な力も含まれているからです。3つの資質・能力は、2つに分けることができます。「知識及び技能の基礎」と「思考力、判断力、表現力等の基礎」という知的な力と、「学びに向かう力、人間性等」という情意的な力です。情意的とは、感情と意志や意欲のことです。このため、学力ではなく、資質・能力という言葉が使われています。

　それでは、3つの資質・能力はどのように育めばよいのでしょうか。重要なことは、2つあります。まず、国語や算数のような教科を通した指導ではなく、遊びや生活を通して子どもが主体的に学べるようにすることです。教師の側から言うと、環境を通して教育を行うということです。幼稚園教育の基本である環境を通した教育によって、3つの資質・能力を育むようにしましょう。次に、3つの資質・能力はそれぞれ別々に育むのではなく、遊びや生活を通して総合的に一体的に育むものです。教師の側から言うと、遊びや生活の中で、3つの資質・能力が総合的に育まれるような環境を構成するということです。そのため、定期的に指導を振り返り、3つの資質・能力が育まれる内容になっていたか確認し、課題が見つかれば改善しましょう。

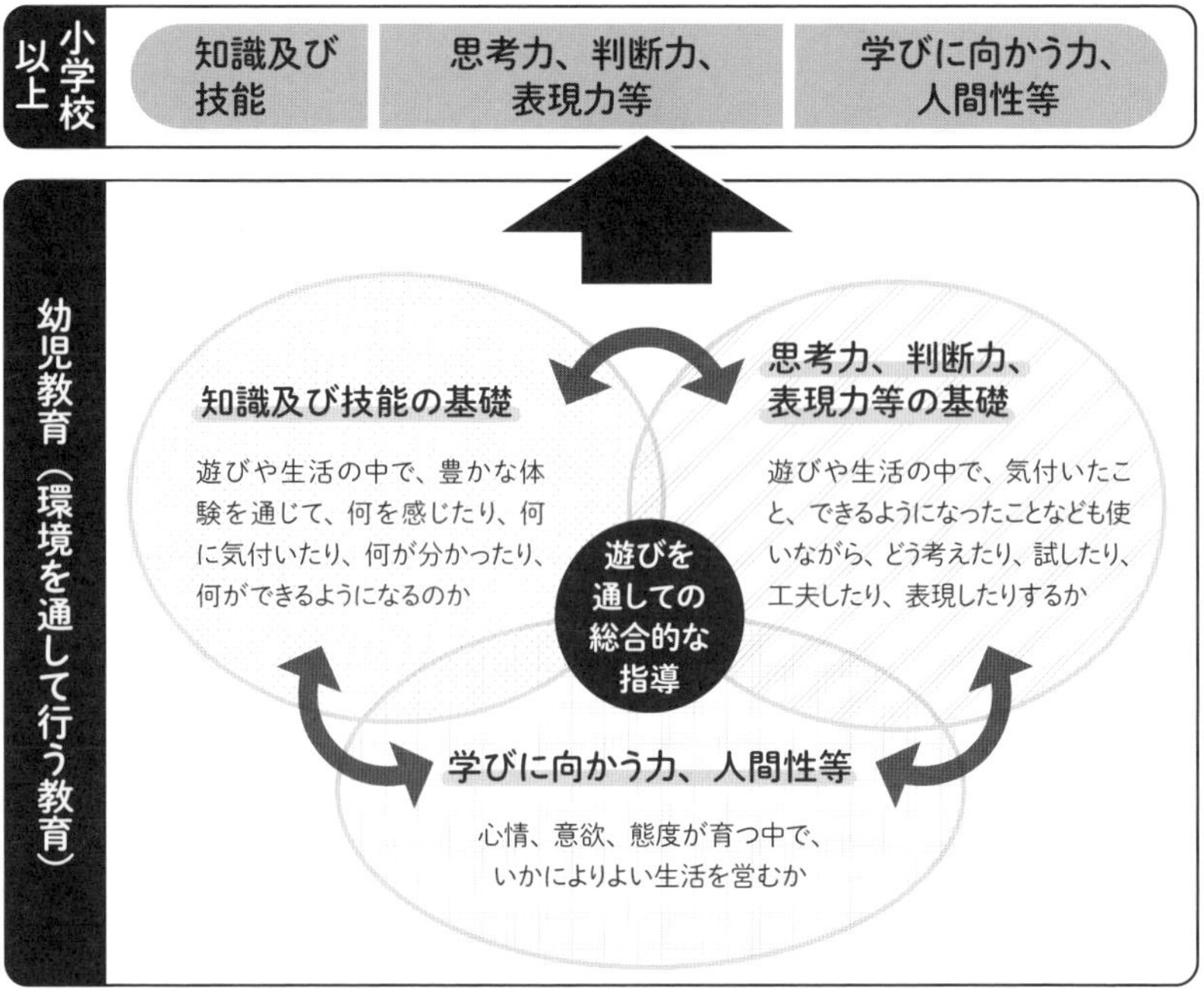

出典：中央教育審議会初等中等教育分科会教育課程部会幼児教育部会「幼児教育部会における審議の取りまとめについて（報告）」2016年8月26日．を一部改変

図　幼稚園教育において育みたい資質・能力の整理

5　幼児期の終わりまでに育ってほしい姿(1)

『10の姿』というのは『5領域』に基づく教育によって
『3つの資質・能力』を育んであげることで
『幼稚園修了時までに見られる子どもの具体的な姿』なの

…3種類のパラメーターを5種類のトレーニングで育てると
10種類の職業にジョブチェンジできる…？
そのたとえだと「10種類の職業の力すべてが身につく」かしら…
あなたほんとゲーム好きね

たとえば『10の姿』のひとつ『健康な心と体』は
5領域の『健康』に基づく教育によって育まれるわね
運動もそうですし食育なんかも当てはまりますよね
じゃあ『自立心』や『協同性』っていう姿を育てるのは
主に5領域の『人間関係』に基づく教育で成長していくってことでしょうか
そういうこと

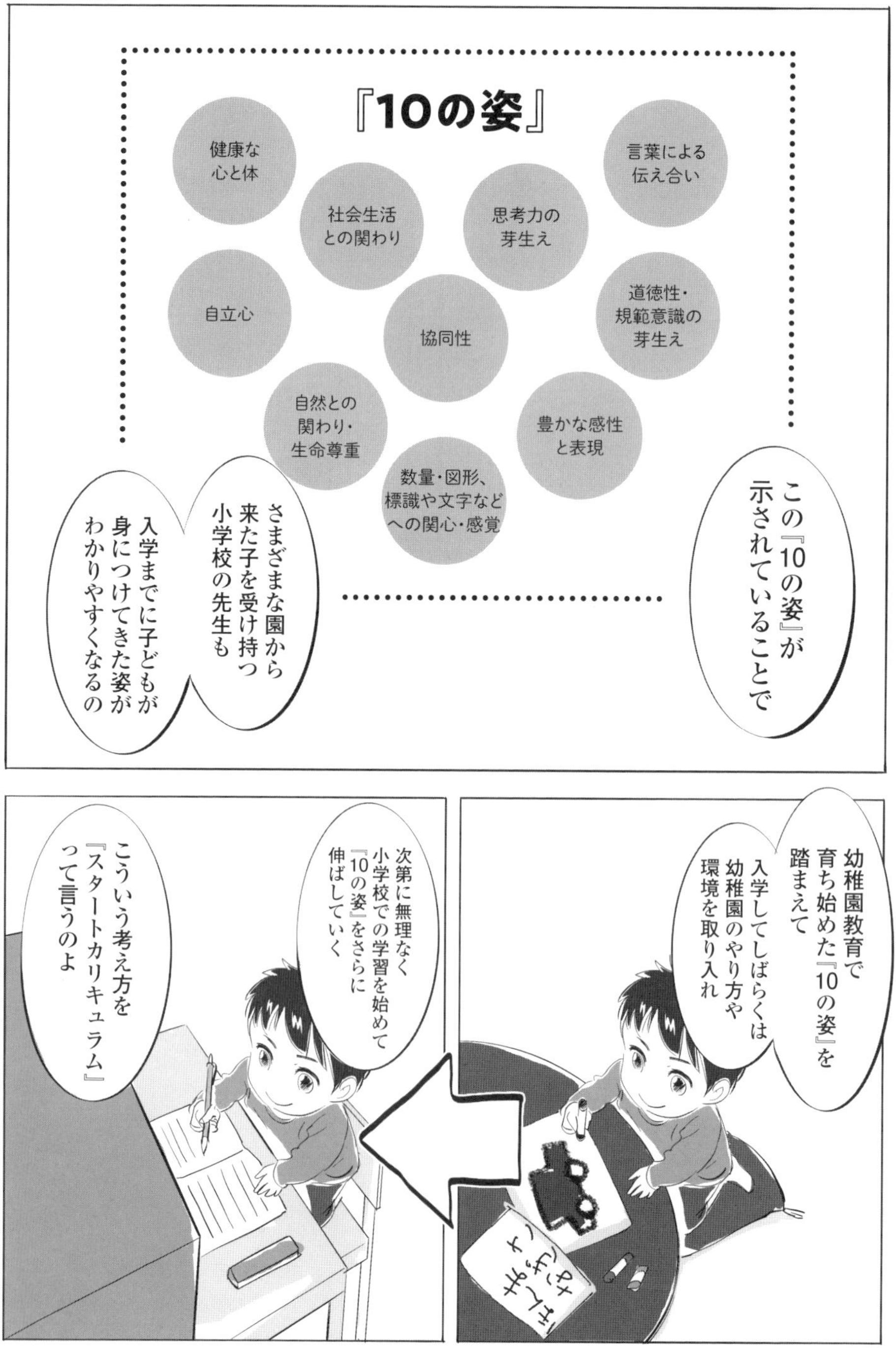
『10の姿』
言葉による伝え合い
思考力の芽生え
社会生活との関わり
健康な心と体
道徳性・規範意識の芽生え
協同性
自立心
豊かな感性と表現
数量・図形、標識や文字などへの関心・感覚
自然との関わり・生命尊重
この『10の姿』が示されていることで
さまざまな園から来た子を受け持つ小学校の先生も
入学までに子どもが身につけてきた姿がわかりやすくなるの
幼稚園教育で育ち始めた『10の姿』を踏まえて
入学してしばらくは幼稚園のやり方や環境を取り入れ
次第に無理なく小学校での学習を始めて『10の姿』をさらに伸ばしていく
こういう考え方を『スタートカリキュラム』って言うのよ

10の姿
5領域
スタートカリキュラム
んー
じゃあ…
子どもたちが幼稚園にいる間は私たちには『10の姿』ってあんまり関係ないんですか?
いいえ 子どもたちの今の姿を見て
私たち自身がどういう指導をしたら良いかの参考にするの
たとえば そうね みんなで一枚の大きな紙にお絵描きする活動は
どんな姿に関係すると思う?
えーっと…
まずはやっぱり『豊かな感性と表現』の姿ですよね
それから場所をゆずりあったりクレヨンを交代で使うようになったら
『協同性』や『言葉による伝え合い』の姿が関わってきそうですね
そうね 他にも…

絵をみんなの前で発表するのは『自立心』を育むし
お友達を手伝ったりクレヨンをみんなで使うルールを作れば『道徳性・規範意識の芽生え』の育ちにつながりそうですね
そうね そのとおり
常に子どもたちの『10の姿』を意識すること
そしてより質の高い指導を心がけること それが私たち教師に必要な『姿』かもしれないわね
いいなあ みんな大きくなったらどんな『姿』に…
あっ、でもその前に私自身の『姿』を見つめ直して…
『豊かな感性と表現』はよく育ってるわね
『文字などへの関心』がもっと育つといいんだけど

1-5 幼児期の終わりまでに育ってほしい姿（1）

今回の改訂で、「幼児期の終わりまでに育ってほしい姿」（以下、「10の姿」）が示されました。具体的には、「健康な心と体」、「自立心」、「協同性」、「道徳性・規範意識の芽生え」、「社会生活との関わり」、「思考力の芽生え」、「自然との関わり・生命尊重」、「数量や図形、標識や文字などへの関心・感覚」、「言葉による伝え合い」、「豊かな感性と表現」です。本節ではそもそも「10の姿」とは何か、なぜ「10の姿」が示されたのかについて説明し、次節ではそれぞれの姿の具体的な説明をします。

「10の姿」とは、『要領』には、「第2章に示すねらい及び内容に基づく活動全体を通して資質・能力が育まれている幼児の幼稚園修了時の具体的な姿であり、教師が指導を行う際に考慮するものである」とあります。つまり、5領域に基づく教育によって3つの資質・能力を育んだ結果、幼稚園修了時までに見られる子どもの具体的な姿であり、幼稚園修了までにどのような姿になってほしいかを整理したものです。保育者の側からいうと、幼稚園修了時までに子どもがこうした姿を身に付けるように指導するということです。

『要領』の説明から、「10の姿」と3つの資質・能力、「10の姿」と5領域の関係がわかります。まず、「10の姿」は幼稚園教育で育みたい3つの資質・能力が幼稚園修了時に具体的にどういう姿として見られるか示したものです。今回の改訂では、幼稚園教育からはじまる学校教育を通して、子どもに身に付けてほしい力として「知識及び技能の基礎」、「思考力、判断力、表現力等の基礎」、「学びに向かう力、人間性等」の3つが示されました。しかし、これらは抽象的であり、子どもがどのようになっていたら、どのようなことができていたら、こうした資質や能力を身に付けたと言えるのかわかりにくいです。そこで、幼稚園修了時に、3つの資質・能力が育まれているのなら、子どもたちがどのような姿を見せるかを示す必要があります。それが、「10の姿」です。

次に、「10の姿」は5領域に基づく教育によって育むということです。「10の姿」の説明には5領域の言葉や表現が使われています。それは、「10の姿」が5領域に基づく教育によって育まれるからです。その関係を示すと図のようになります。このように、「10の姿」は5領域で示されているねらいや内容が幼稚園修了時に身に付いている姿として取り出し、まとめたものです。だから、「10の姿」は特に新しい考え方というわけではありません。

では、なぜ今回の改訂で「10の姿」を示したのかというと、**小学校教諭にとって、幼稚園教育で子どもが身に付けた力がわかりやすいからです。**

幼稚園教育では5領域に基づく教育を行っていま

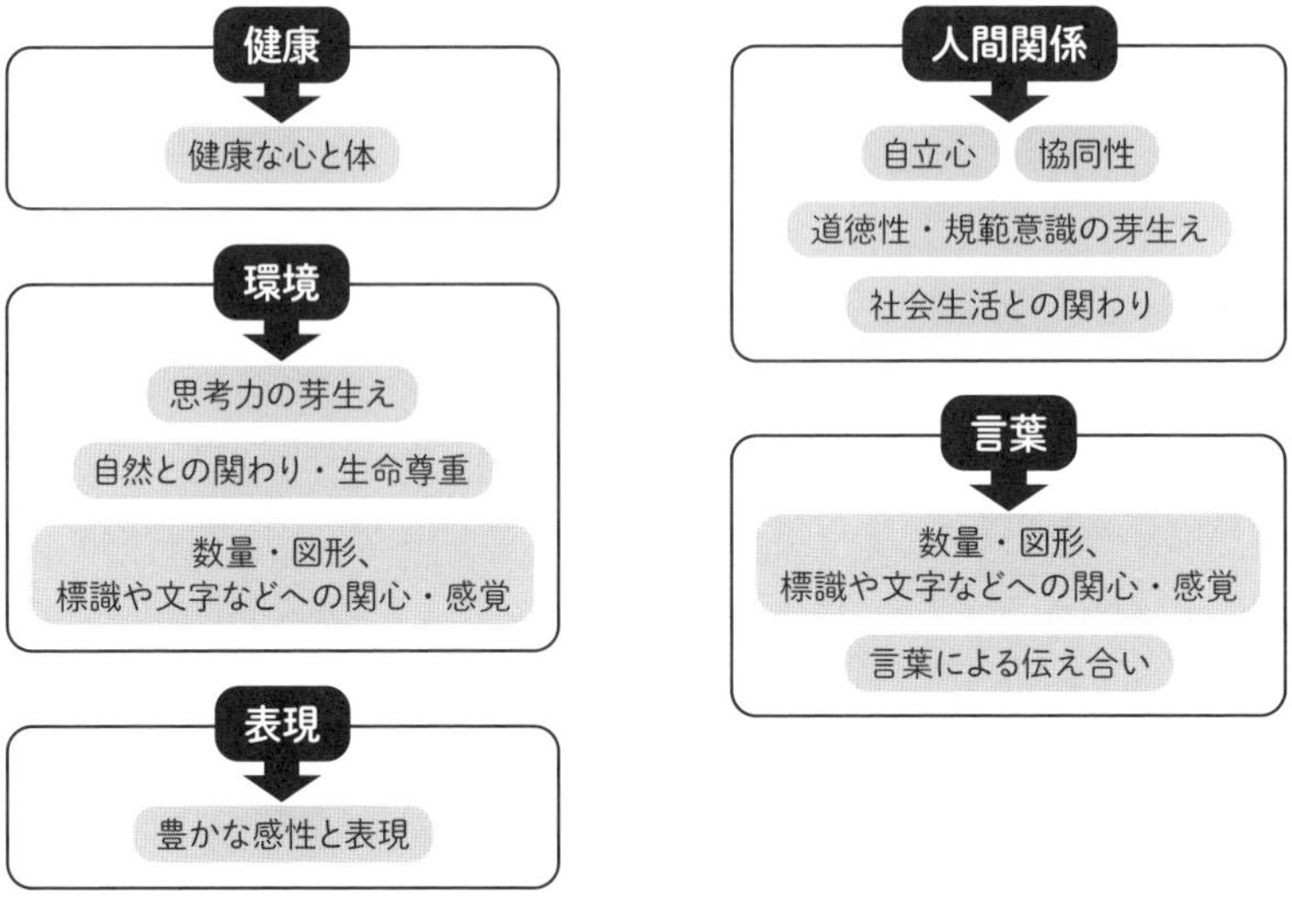

図　「10の姿」と5領域の関係

すが、子どもの育ちを説明する際、5領域を用いた説明では小学校教諭はイメージがわきにくいのです。なぜなら、小学校では国語や算数という教科という考え方であり、5領域という考え方を使っていないからです。また、5領域は子どもを発達の観点から5つに分類したものであるため、子どもの具体的な育ちを示すという観点からすると抽象的です。さらに、小学校には様々な幼稚園、保育所、認定こども園から子どもたちが集まってきます。これらでは、それぞれの教育方針や方法で教育が行われています。すると、子どもたちの体験や経験はばらばらとなり、そのため幼児期の教育を通して子どもが何を身に付けてきたのかわかりにくくなります。これでは、小学校教諭としては、小学校教育を通して子どものどのような力を伸ばしてよいかわからないのです。そこで、幼稚園教育で子どもがどのような力を身に付けて小学校に入学してくるかを具体的に説明する必要があります。それが、「10の姿」なのです。

これによって、幼稚園教育と小学校教育のカリキュラムの接続も円滑になります。なぜなら、小学校教育の最初は、幼稚園教育を通して育んできた「10の姿」を伸ばすことから始めればよいからです。実際、『小学校学習指導要領』にも、「幼児期の終わりまでに育ってほしい姿を踏まえた指導を工夫することにより、幼稚園教育要領等に基づく幼児期の教育を通して育まれた資質・能力を踏まえて教育活動を実施し、児童が主体的に自己を発揮しながら学びに向かうことが可能となるようにすること」、「幼稚園教育要領等に示す幼児期の終わりまでに育ってほしい姿との関連を考慮すること。特に、小学校入学当初においては、幼児期における遊びを通した総合的な学びから他教科等における学習に円滑に移行し、主体的に自己を発揮しながら、より自覚的な学びに向かうことが可能となるようにすること」とあります。

『小学校学習指導要領』に示されているこのような考え方をスタートカリキュラムといいます。

スタートカリキュラムとして、小学校入学後しばらくは幼稚園や保育所の教育や保育のやり方や環境を取り入れて、子どもが45分の授業に円滑に移行できるようにします。幼稚園教育で育ちつつある「10の姿」を踏まえて（生かしながら）、小学校教育を始めていくのです。こうすることで、幼稚園教育と小学校教育の違いに対する子どもの戸惑いも和らげることができます。

では、幼稚園教育の中で教師はどのように「10の姿」を活用すればよいのでしょうか。それは、「10の姿」から教師自身の指導を振り返ることで、子どもに必要な指導は何か、どのような方法がよいかを探るようにすることです。具体的な子どもの様子や場面を取り上げて、「10の姿」を育めていたかどうか、教師の指導でどの姿を伸ばすことができたか、伸ばせていない姿がある場合はどのような指導をすれば伸ばすことができるかを考えるのです。

例えば、友達と一緒に色鉛筆やクレヨンを使って絵を描く場面を考えてみましょう。友達と一緒に絵を描く活動を通して、「協同性」、「言葉による伝え合い」、「豊かな感性と表現」が伸びているでしょう。そして、完成したものをクラス全員の前で発表すれば、集団の中で認めてもらえる経験になります。これは、「自立心」を育むことになります。また、この遊びの中で、子どもはうまく描けない友達を支えたり、遊びのルールを守ったりしていたでしょうか。これは、「道徳性・規範意識の芽生え」を育めているかどうかということです。このように、「10の姿」から自分の指導を振り返り、改善すべきところを見つけ、次の指導計画に反映させ、よりよい指導にしていくのです。こうした改善が、指導の質を高めることになります。もちろん、毎日の指導後だけでなく、各学期末に行ってもよいでしょう。また、教師一人で行うのではなく、職員会議の中で全教師がお互いの指導を「10の姿」から考え合ってもよいでしょう。

「10の姿」について、気をつけることが3つあります。まず、**「10の姿」と3歳や4歳の教育のつながりを考えたり見直したりすること**です。「10の姿」は幼稚園修了時に子どもに身に付けてほしい姿をまとめたものですが、5歳後半になって突然そうなるわけではありません。「10の姿」は、3歳の教育や4歳の教育が適切に積み重なることで見られるようになるものです。だから、3歳の教育と4歳の教育が「10の姿」とつながるようになっているかという長期的で連続的な視点で、それぞれの教育を点検、検証しましょう。

次に、**「10の姿」は到達目標ではないということ**です。幼稚園修了時に「10の姿」が完璧に見られるようにしなくてはならないということではありません。そもそも、「10の姿」はどれをとっても奥深いもので、幼稚園修了時に到達するどころか、一生をかけて育んでいくものともいえます。旅行をする場合でも、どこに行くかという目指すところを決めなければ、何を準備してよいか、何を考えればよいかも決まりません。同じように、子どもの何を育てるのかがわからないままでは、何を、どのように指導してよいのかわかりません。このように、「10の姿」は到達目標ではなく、教師が子どもの育ちを促すために何を指導したらよいのかという教師の指導の方向性を示したものであり、指導する際に参考にするためのものです。

最後に、**「10の姿」は、国語や算数のように、個別に身に付けるものではないということ**です。遊びや生活の中で、総合的に身に付けていくものです。先にも説明した通り、「10の姿」は5領域に基づく教育によって育んでいきます。遊びや生活の中で、5領域に基づく教育を通して総合的に育んでいきます。もちろん、「数量や図形、標識や文字などへの関心・感覚」を育むために、小学校の算数の学習を先取りして行うということでもありません。遊びや生活の中で、数字や図形に興味や関心をもったり、数字を使って伝えたいという意欲をもったりするように指導しましょう。

6　幼児期の終わりまでに育ってほしい姿(2)

健康な心と体
てをあらおう!!
おおき りな

自立心
そのだ のな
たかだ ゆか

協同性

道徳性・規範意識の芽生え
じゅんばんだね
うん

社会生活との関わり
あっ やおやさんだ！
じょうずに切れたねえ！

思考力の芽生え

自然との関わり・生命尊重
あおの
まさや

数量や図形、標識や文字などへの関心・感覚
お外で見た星だね!
そうだね!
言葉による伝え合い
カレーおいしかったね!
いっぱいたべたね!

豊かな
感性と表現
ふう～
なんとか無事に
終わりましたねえ…
お疲れ様
つぼみ先生

まる1日
いっしょにいるだけで
こんなにいろんな『姿』が
見られるんですね
私ももっと
自分のクラスの
みんなの『姿』を
しっかり見てみよっと
『10の姿』は決して
「これがゴールです」
「こうなりなさい」と
指し示すための
ものではないの
私たちが常に
これからの指導を
より良くする
ために
一生懸命生きてる
あの子たちの姿を
見つめましょう
というわけ
だから……
…ん？
ふふ
夜中も一生懸命
見ててくれた
からね
がんばってる
つぼみ先生の
今の『姿』もしっかり
覚えておくわね

1-6 幼児期の終わりまでに育ってほしい姿(2)

ここでは、「10の姿」の具体的な内容を、『要領』の記述を示しながら説明します。

① 健康な心と体

幼稚園生活の中で、充実感をもって自分のやりたいことに向かって心と体を十分に働かせ、見通しをもって行動し、自ら健康で安全な生活をつくり出すようになる。

食事の際は、教師に言われたから、教師に叱られるからではなく、食事の前には汚れを取り除くため石鹸を使って手を洗おうというように、自分で考えて行動できるようになることです。横断歩道を渡る際は、信号が青になったよと言われたからではなく、信号と左右を自分で確認して渡るようになることです。健康で安全な生活を送るために見通しをもった行動は、何をするのか、なぜそうするのか、具体的にどのようにするのかを、子ども自身が理解することによってできるようになります。

② 自立心

身近な環境に主体的に関わり様々な活動を楽しむ中で、しなければならないことを自覚し、自分の力で行うために考えたり、工夫したりしながら、諦めずにやり遂げることで達成感を味わい、自信をもって行動するようになる。

これは、3つの資質・能力の「学びに向かう力、人間性等」と関係するものです。また、「自立心」は非認知的能力（66頁、コラム1参照）とも言われます。非認知的能力は、子どもがよりよい人生を送れるかどうかに大きな影響を与えていると言われています。こうした非認知的能力は、あきらめずに取り組んだり、最後までやり切ったり、試行錯誤したりする経験を通して育っていきます。

③協同性

友達と関わる中で、互いの思いや考えなどを共有し、共通の目的の実現に向けて、考えたり、工夫したり、協力したりし、充実感をもってやり遂げるようになる。

ブロックで街を作る際、家や道路を作る人、電車や駅を作る人のように役割を決めて、何をどこに配置するか対話し、それぞれが主体的に遊びに関わっていくようになることです。単に大人数で遊ぶということではなく、共通の目的が実現できるような活動であることが重要です。「協同性」は、友だちと協力や対話することで、自分の考えを広げたり深めたり、一人ではできなかったことができるようになる経験を通して育っていきます。

④道徳性・規範意識の芽生え

友達と様々な体験を重ねる中で、してよいことや悪いことが分かり、自分の行動を振り返ったり、友達の気持ちに共感したりし、相手の立場に立って行動するようになる。また、きまりを守る必要性が分かり、自分の気持ちを調整し、友達と折り合いを付けながら、きまりをつくったり、守ったりするようになる。

相手を思いやる気持ちやルールを守る気持ちは、教師がそうしなさいと言うからするのでは身に付いたとはいえません。なぜ〝ごめんね〟と言わないといけないのか、なぜルールがあるのかは、ケンカをした後に仲直りした嬉しさやルールを守って遊ぶ方が楽しいという経験を通して育っていきます。教師が裁判官のように振る舞い、善悪を判断したり決断を下したりすることによって育つものではありません。

⑤ 社会生活との関わり

家族を大切にしようとする気持ちをもつとともに、地域の身近な人と触れ合う中で、人との様々な関わり方に気付き、相手の気持ちを考えて関わり、自分が役に立つ喜びを感じ、地域に親しみをもつようになる。また、幼稚園内外の様々な環境に関わる中で、遊びや生活に必要な情報を取り入れ、情報に基づき判断したり、情報を伝え合ったり、活用したりするなど、情報を役立てながら活動するようになるとともに、公共の施設を大切に利用するなどして、社会とのつながりなどを意識するようになる。

現代社会では家庭と地域との関係が希薄になりつつあるからこそ、幼稚園教育の中で地域の人々と交流することが重要です。地域交流は時々行うイベントとしてではなく、計画的に行われる教育として実施することで、子どもが自分も社会の一員であるという意識が育ってきます。また、スマートフォンやタブレットを活用することで、子どもの学びが広がったり深まったりします。さなぎが蝶に変わる瞬間は簡単に見ることができません。そこで、インターネットを通して動画を視聴することで、さなぎや蝶の飼育方法を考えたり、昆虫に対する興味や関心をもったりするようになります。

⑥ 思考力の芽生え

身近な事象に積極的に関わる中で、物の性質や仕組みなどを感じ取ったり、気付いたりし、考えたり、予想したり、工夫したりするなど、多様な関わりを楽しむようになる。また、友達の様々な考えに触れる中で、自分と異なる考えがあることに気付き、自ら判断したり、考え直したりするなど、新しい考えを生み出す喜びを味わいながら、自分の考えをよりよいものにするようになる。

これは、3つの資質・能力の「思考力、判断力、表現力等の基礎」と関係するものです。考える力は、子どもがワクワク、ドキドキしたりする好奇心や探究心があってのことです。子ども自身の身近な生活の中で、〝なぜだろう？〟〝こうしたらどうなるだろう？〟と考えたり工夫したりする経験を通して育っていきます。また、疑問や不思議を解決する過程で、友達と協力したり対話したりすることで、自分の考えが広がったり深まったりする経験をしていきます。こうして、思考力が育まれていきます。

⑦ 自然との関わり・生命尊重

自然に触れて感動する体験を通して、自然の変化などを感じ取り、好奇心や探究心をもって考え言葉などで表現しながら、身近な事象への関心が高まるとともに、自然への愛情や畏敬の念をもつようになる。また、身近な動植物に心を動かされる中で、生命の不思議さや尊さに気付き、身近な動植物への接し方を考え、命あるものとしていたわり、大切にする気持ちをもって関わるようになる。

教師が動植物の名前を教える必要はありません。昆虫や動植物、海や森などの自然は、子どもの好奇心や探究心を刺激したり、自然の神秘や不思議さを感じさせたりするものです。子どもの心が動かされるような体験が〝もっと知りたい〟という学びにつながり、「自然との関わり・生命尊重」を育んでいきます。

⑧数量や図形、標識や文字などへの関心・感覚

遊びや生活の中で、数量や図形、標識や文字などに親しむ体験を重ねたり、標識や文字の役割に気付いたりし、自らの必要感に基づきこれらを活用し、興味や関心、感覚をもつようになる。

小学校で習う国語や算数を先取り学習する必要はありません。遊びや生活の中の様々な場面で、子どもは必要性を感じたり、意識的に探したりすることで、数量、図形、標識、文字を身に付けていきます。八百屋さんごっこをする際に、お客にわかるように商品名や値段を紙に書こうとするでしょう。お店で売られている野菜には商品名や値段がついていることを知っているからです。このように、子ども自身が商品名や値段を書く必要性を感じることで、教室内の掲示物や本で文字や数字を主体的に調べるようになります。このような遊びや生活を通して、数量、図形、標識、文字を身に付けていきます。

⑨言葉による伝え合い

先生や友達と心を通わせる中で、絵本や物語などに親しみながら、豊かな言葉や表現を身に付け、経験したことや考えたことなどを言葉で伝えたり、相手の話を注意して聞いたりし、言葉による伝え合いを楽しむようになる。

人間は言葉を使って考えますから、言葉が多いほど考えを広げ、深めることができます。子どもが言葉を使って伝えたことに教師が応答したり、絵本や紙芝居を読み聞かせたりすることで、子どもは言葉やその使い方、他者の話を聞くことを学んでいきます。また、文法的に正しくない言い方や書き間違えは、その都度直す必要はありません。

自分の考えを言葉で伝えたい、もっとたくさん話したいという気持ちを尊重するようにしましょう。

⑩ 豊かな感性と表現

心を動かす出来事などに触れ感性を働かせる中で、様々な素材の特徴や表現の仕方などに気付き、感じたことや考えたことを自分で表現したり、友達同士で表現する過程を楽しんだりし、表現する喜びを味わい、意欲をもつようになる。

子どもが表現したいという気持ちになるためには、嬉しいことや楽しいことを感じる心である感性を育む必要があります。また、製作のような表現活動では、完成品だけではなく、製作の過程も重要です。幼稚園教育では、何かができた、できないではなく、どうやってできるようになったか、どのようなやり方でできるようになったのかという、心情、意欲、態度が重要です。製作物を完成させればよいのではありません。製作の過程で、子どもの心情、意欲、態度が育まれるようにすることが重要です。

「10の姿」は「〜するようになる」と書かれています。これは、幼稚園教育を通してそういう姿が多少なりとも見え始めてくるという意味を込めてのことです。幼稚園修了時までに絶対にそのような姿にならなくてはいけないということではありません。「10の姿」は到達目標ではないからです。教師が子どもの育ちを読み取ったり、それを踏まえて指導の方法や方向性を考えたりするために使うものです。子どもたちの通知表ではないのです。

Column 1

非認知的能力とは

国内外の幼児教育に関する研究から、幼児教育では非認知的能力を育むことが重要であるとわかってきました。**非認知的能力**とは、**忍耐力や自制心、自尊感情や自己肯定感、最後までやり抜く力のような力**のことです。

幼児教育で非認知的能力が重視される理由は2つあります。まず、**非認知的能力は小学校以降の学力のみならず、大人になってからの生活によい影響を与える**からです。これまで、欧米の幼児教育では認知的能力を育むことを中心としてきました。認知的能力とは、英単語をいくつ覚えているという記憶力や計算問題を速く解けるという思考力などの力です。なぜなら、認知的能力が高い方が、学力も高くなり、社会的にも経済的にも成功すると考えられていたからです。しかし、経済学者のジェームズ・ヘックマンによる研究など、幼児教育の研究が進むにつれて、非認知的能力が高い人ほど学力が高かったり収入が多かったりすることや、非認知的能力を育むことは認知的能力を育むことにもつながっていることがわかってきました。

次に、**非認知的能力は乳幼児期に最も伸びる**からです。非認知的能力は大人になってからも伸びますが、乳幼児期に大きく伸びることがわかっています。例えば、脳科学の研究によると、自分の感情を抑制する力は2歳頃にピークを迎えます。また、他者と協同する力も小学校入学前にピークを迎えます。こうしたピークを過ぎると、その後はあまり伸びないのです。

では、どのようにしたら非認知的能力を伸ばすことができるのでしょうか。実は、日本の幼児教育ではこれまでも非認知的能力を重視してきました。それは、**心情**、**意欲**、**態度**です。非認知的能力という言葉こそ使っていませんでしたが、非認知的能力は子どもの心情、意欲、態度と同じです。

漢字や文字がいくつ書けるとか、計算問題を速く解けるというような認知的能力ではなく、漢字や文字に興味をもつこと、自分の気持ちを伝えたいという意欲をもつこと、教師が見守る中であきらめずにやってみる姿勢をもつことというような非認知的能力を育んできたのです。だから、非認知的能力という言葉は新しいものでも、内容は特に新しいことではありません。むしろ、国際的な研究によっても、日本の幼児教育のよさが改めて確認されたと言えます。

しかし、それなら今まで通りのやり方でよい、非認知的能力は気にしなくてよいということではありません。むしろ、**非認知的能力の重要さがわかったからこそ、子どもたちの非認知的能力を育むような指導をこれまで以上に意識的に考える**必要があります。何となくやっていることやいつも同じようなやり方を、非認知的能力を育むという観点から意識的に見直し、改善するのです。例えば、「主体的・対話的で深い学び」の観点から見直すのもよいでしょう。子どもが集中しているときに口を出したり、子ども同士の対話ではなく教師の一方的な指導が中心になっていたり、失敗したときに責めたりしていないでしょうか。このように、非認知的能力を育む指導になっているかどうか、どのような指導がよいか、意識的に見直し、改善していくことが重要です。

なお、幼稚園教育で育みたい3つの資質・能力の1つである「学びに向かう力、人間性等」や、「10の姿」の「自立心」は、非認知的能力と同じものです。これらの力を育むということは、非認知的能力を育むということなのです。

7　全体的な計画と教育課程

『全体的な計画』というのは教育課程以外にも
はをみがこう!
保健計画
教育課程
預かり保育の計画
預かり保育や保健計画安全計画も含んだ計画で幼稚園での活動をまとまりのあるものにするためにあるの
安全計画

学校の定期試験でも成績が偏らないように
得意不得意にあわせてやりかたを工夫したりしたでしょう?
テスト対策!
月 数I
火 現古
水 理科
木 数A
金 英語
土 社会
日 模試
それと同じ幼稚園の活動を偏らないよう調整するためにあるのが『全体的な計画』というわけ
通常AM
通常PM
預り保育
エピカニクス
じゆう
よみきかせ

目標平均点!!
どんな学生だったかちょっと心配ね…

全体的な計画の中で特に『教育課程』というのは
どのような子どもをどのような指導で育てていくのか
年中
年長
この幼稚園が目指すものやそこまでの到達の仕方をまとめたものなの
だから入園から卒園までどんな段階を経て育てていくか
目標
計画
私たち全員がそれを踏まえて
具体的な指導計画を作ることで幼稚園全体で一貫した教育を行うことができるの
私の思い付きでいきなり年長さんの活動を年少クラスでやったら
う□ぎ
育ってほしい目標から遠ざかってしまうかもしれないんですね
うーん
考え方がわからなくなってきました…
2つのことを考えるといいわ

まずは『3つの資質・能力』を踏まえた目標が
幼稚園全体の『教育課程』に設定されているのを意識すること
知識及び技能の基礎
思考力、判断力、表現力等の基礎
それを私たち全員が意識してクラスの指導計画を作ることではじめて
幼稚園が目指す子どもたちの『10の姿』を偏りなく育むことができるのよ
学びに向かう力、人間性等
2つ目は教育の目標や方針を保護者や地域と共有すること
これも『教育課程』を作る上で理解や協力を得るのに大切ね
じゃあやっぱり…
むやみに年長さんをマネするのはやめておきますね
あ　でもね…

この間
他の先生たち
とも話してた
んだけど…
年少さんの
文字の活動
もうちょっと
増やした方が
いいかもね
はらぺこ
あおむし
いないいないばあ
絵本や紙芝居に
出てくる言葉に
興味を持ち始めて
いますからね
えっ
じゃあ…！
年少さんに
合わせた
活動にして
園全体で
取り入れら
れるといいかも
しれないわね
ごはん
いきましょ
はい！
この幼稚園の
教育課程が
どう作られているか
おさらいしながら
どんな活動に
すればいいのか
みんなで一緒に
考えてみましょう
はい！

1-7 全体的な計画と教育課程

まず、今回の改訂から、『要領』には全体的な計画という言葉が使われています。全体的な計画とは、教育課程、教育課程に係る教育時間の終了後等に行う教育活動の計画（預かり保育の計画）、学校保健計画、学校安全計画などの様々な計画を相互に関連付けて、幼稚園での教育活動が一体的に行われるようにする計画を意味します。

なぜ全体的な計画が必要なのでしょうか。それは、幼稚園で行われる様々な活動をまとまりのあるものにするためです。そうすることで、幼稚園運営にもまとまりがでてきますし、幼稚園教育の質も高まってきます。例えば、みなさんは小中高生の頃に定期試験を受けたはずです。定期試験には、国語、数学、英語など複数の科目があります。このとき、試験勉強として国語の勉強にだけたくさんの時間を使ったら、どうなるでしょうか。数学や英語を勉強する時間がなくなり、落第してしまうかもしれません。また、英単語や漢字を暗記する勉強が続いたら、次は計算問題や読解問題を解くなどして、飽きたり疲れたりしないように工夫したこともあるでしょう。つまり、勉強しなければならない科目の内容や時間、やり方を調整して、勉強が円滑に進むようにしたはずです。

全体的な計画の役割は、これと同じです。幼稚園の活動を調整するためにあります。例えば、幼稚園には預かり保育を利用している子どももいます。午前中の活動でEXダンス体操やエビカニクスのような激しい運動をしたにもかかわらず、預かり保育でも激しい運動をするのでは子どもは疲れてしまいます。このようなときは、預かり保育では絵本を読んだり絵を描いたりするなど落ち着いた活動のほうが、子どもの心身にとってよいでしょう。あるいは、避難訓練を行う前に、『あっ！じしん』（※1）や『みんなでひなんくんれん』（※2）のような防災に関する絵本や紙芝居を読み聞かせしておくことで、防災訓練の効果を高め、子どもたちの防災意識をいっそう育むことができます。このように、幼稚園で行われる様々な活動をつなげたり調整したりすることで、まとまりのある幼稚園教育や幼稚園運営になります。

次に、**教育課程**とは何でしょうか。『要領』には、「各幼稚園において教育の内容等を組織的かつ計画的に組み立てた」ものとあります。つまり、**幼稚園教育を通して、どのような子どもを育てたいのか、どのような指導によって育てていくのか、入園から幼稚園教育の修了までの育ちはどのようになるのかなど、その幼稚園の目指すものや到達の仕方をまとめたもの**です。

教育課程が必要とされる理由は、幼稚園という組織全体で計画的で一貫した幼稚園教育を行うためです。それぞれの教師が教育課程を踏まえて指導計画を作り、日々の指導をすることで、幼稚園全体で偏りや矛盾のない一貫した幼稚園教育になっていきます。それぞれの教師が好きなときに好きなことをする場当たり的な教育をしていては、子どもの育ちの見通しや連続性は得られなくなります。また、教師によって目指すものややり方が異なると、保護者も幼稚園に対して不安や不信をもつようになります。だからこそ、教師は、教育課程を踏まえて指導計画を作成し、指導計画に即して日々の指導をするのです。

では、教育課程はどのように作ればよいのでしょうか。『要領』には、「教育課程の編成に当たっては、幼稚園教育において育みたい資質・能力を踏まえつつ、各幼稚園の教育目標を明確にするとともに、教育課程の編成についての基本的な方針が家庭や地域とも共有されるよう努めるものとする」とあります。ここから、2つのことがわかります。まず、**幼稚園教育において育みたい3つの資質・能力を踏まえた目標を設定すること**です。3つの資質・能力とは、「知識及び技能の基礎」、「思考力、判断力、表現力等の基礎」、「学びに向かう力、人間性等」です（38頁参照）。これらは、幼稚園教育のみならず、小学校以降の教育でも引き続き育んでいくものです。それぞれの幼稚園には、このような大人になってほしいという理念や理想があるでしょう。しかし、様々な理念や理想があるからということで、教育目標は何でもよい、好きなように決めてよいというわけではありません。幼稚園から小学校以降へと子どもの育ちをつなげていくことを念頭に置いて、３つの資質・能力を踏まえて決めるのです。

次に、**教育の目標や方針を保護者や地域と共有すること**です。これは、「前文」でも社会に開かれた教育課程として示されています（21頁参照）。子どもに対する保護者の思いや地域の文化や伝統を取り込んだ教育にすることで、よりよい幼稚園教育になります。例えば、地域の行事に参加する前に、その行事の歴史や背景を調べたり、地域住民と対話をしたりするのもよいでしょう。あるいは、小学校と連携して小学生と年長児が一緒に遊ぶのもよいでしょう。このように、教育課程を社会に開き、共有することで、保護者や地域が幼稚園教育を理解し、協力してくれるような教育課程を作ることができるようになります。

教育課程は幼稚園教育の質を高めるために欠かせないものですが、一度作ったら変更しないというものではありません。幼稚園教育を通して育てたい子どもの姿に近づいているか、毎日の指導が子どもの育ちにつながっているかなど、定期的に振り返るようにします。その過程で、課題や改善点が見つかれば、教育課程を修正することもあります。幼稚園全体で教育課程を作り、定期的に見直し、よりよい教育課程にしていくことが重要です。

※１：金子章＝文、鈴木まもる＝絵『あっ！じしん』学研プラス、２００４．

※２：しらかたみお＝脚本・絵『みんなでひなんくんれん』童心社、２０１０．

8　カリキュラム・マネジメント

教育課程を作る際は
教育課程以外の
活動計画や
保健計画や安全計画
子育て支援に関する
計画などと
整合性や連続性が
あるようにするの
合同 お買いもの体験
テーマ
協同性
社会生活との関わり
場所
〇〇通り商店街
安全面：
保健面：
八百屋
?
100
100
『10の姿』を
身につけていくための
全体的な計画と
そこに含まれる
他の計画との
つながりを
考えるんですね

実際の実施状況がどうだったかを客観的に評価して
常に改善を図っていくことも重要ね
旬の野菜を選べるようにするのもいいかも
春夏秋冬
ハンバーガーに使う野菜を自分で選ぶのはどうかしら？
「お金を使う」だけでなく
「考えて買う」体験
・オリジナルハンバーガー
・うちわでつくるシャボン玉
・おうちのカレー
毎年こんな風に変えていくんですか？
そうね
やったことをきちんと振り返って必要がある場合はね

学校の定期試験でたとえれば
一科目だけ勉強の仕方を工夫しても
月
テスト
他の科目をおろそかにしたら全体の成績は下がっちゃうでしょ？
PLAN
Do
check
Action
幼稚園の指導計画も
全体的な計画に基づいたＰＤＣＡサイクルを進めていく必要があるの
文字を覚えて欲しいからって書き取りや暗記の計画を綿密に練ったとしても
いろは
いろは
いろ
かきとり れんしゅう
園全体の教育方針が遊びや生活の中で覚えることに重点を置くものなら
教育に一貫性がなくなって計画の意味がなくなってしまうわ

そして立派な教育課程を作ったとしても
それを実現する人や環境がなければ子どもたちには届かないわ
教材や設備やそれを用意する予算も
どんな準備が必要かみんなで考えていくんですね

幼稚園教育の質を向上させていくために
教職員全員で取り組むことが欠かせないもの
それが『カリキュラム・マネジメント』よ
つぼみ先生からは何かありますか？
えええっと…
全員で取り組むことが
欠かせないもの…！
あの…っ！
ぜひ子どもたちに体験してほしいことがあって…！

1-8 カリキュラム・マネジメント

カリキュラム・マネジメントとは、幼稚園教育の質を高めるために、幼稚園全体で全体的な計画に基づいて幼稚園教育や幼稚園運営を進めていくということです。カリキュラムとは、教育課程を中心とした全体的な計画のことです。マネジメントとは、行う、やりくりする、管理するということです。『要領』には、「各幼稚園においては、6に示す全体的な計画にも留意しながら、「幼児期の終わりまでに育ってほしい姿」を踏まえ教育課程を編成すること、教育課程の実施状況を評価してその改善を図っていくこと、教育課程の実施に必要な人的又は物的な体制を確保するとともにその改善を図っていくことなどを通して、教育課程に基づき組織的かつ計画的に各幼稚園の教育活動の質の向上を図っていくこと（以下「カリキュラム・マネジメント」という。）に努めるものとする」とあります。

ここには、カリキュラム・マネジメントの目的や方法が示されています。まず、「各幼稚園の教育活動の質の向上を図っていくこと」とあるように、カリキュラム・マネジメントは幼稚園教育の質を高めるために行います。

次に、カリキュラム・マネジメントの方法が4つわかります。第1に、「6に示す全体的な計画にも留意しながら、「幼児期の終わりまでに育ってほしい姿」を踏まえ教育課程を編成すること」とあるように、全体的な計画を考慮して教育課程を作ることです。教育課程を作る際は、教育課程以外の時間の教育活動（預かり保育）の計画、学校保健計画、学校安全計画、子育て支援に関する計画のような様々な計画と整合性や連続性があるようにします。例えば、園児と地域の子どもたちが一緒になってお店屋さんごっこをすれば、他者との出会いや協働が生まれ、お互いに学ぶことができます。また、幼稚園の発表会に地域の親子を誘うことで、幼稚園教育を地域の人たちに理解してもらうことができます。このように、教育課程を作る際は、全体的な計画に含まれる他の計画とのつながりを考えるようにしましょう。

第2に、「教育課程の実施状況を評価してその改善を図っていくこと」とあるように、全体的な計画に基づいたＰＤＣＡサイクルを進めていくことです。ＰＤＣＡサイクルとは、全体的な計画を踏まえて、指導計画を作り（Plan）、指導計画に基づいて指導を行い（Do）、振り返り、評価し、改善するところをみつけ（Check）、次の指導に生かしていくことです（Action）。ここで気をつけることは、カリキュラム・マネジメントは単なるＰＤＣＡサイクルではないということです。全体的な計画に基づいたＰＤＣＡサイクルということです。ＰＤＣＡサイクルでは指導計画を作りますが、どのような指導計画を立ててもよいのではなく、全体的な計画に基づいて指導計画を作る必要があります。

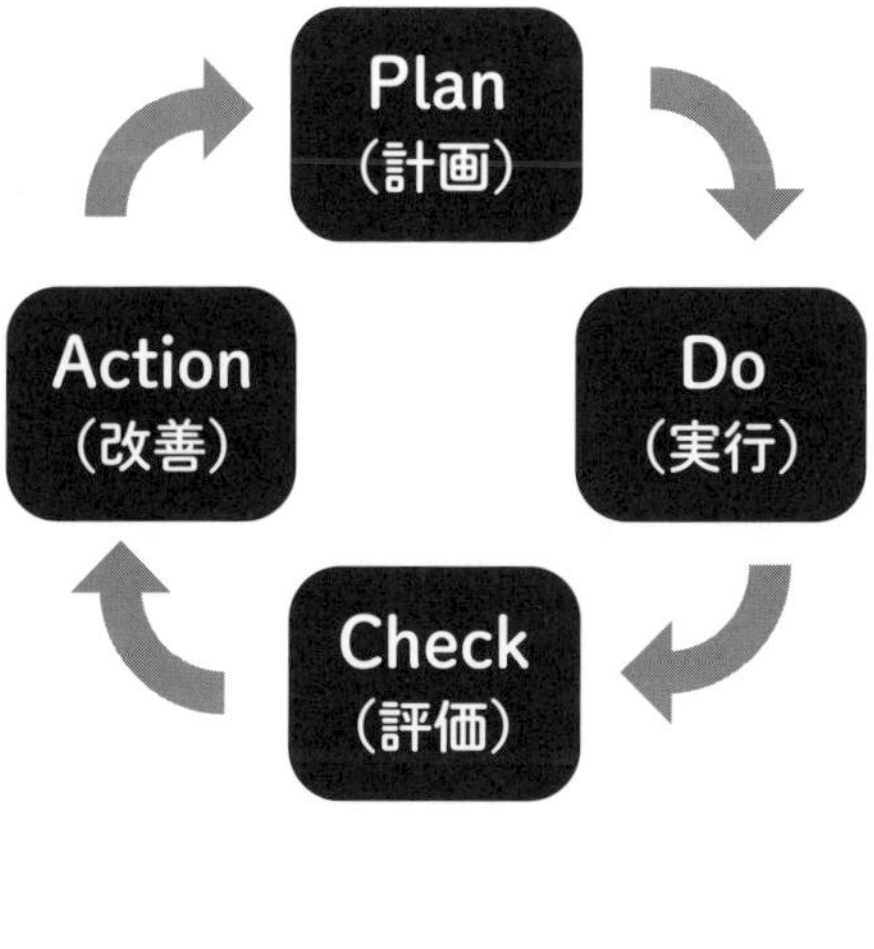

図　PDCAサイクル

例えば、定期試験のための勉強をする場面を考えてみてください。定期試験にはたくさんの科目があるでしょう。だから、国語の勉強のことだけ考えて計画を作ると、国語の試験では高得点を得ることができるかもしれませんが、算数や英語は時間がなくなり、十分な勉強ができず落第するかもしれません。これでは、定期試験に合格するという目的は達成できません。そうならないために、定期試験全体を見据えたうえで、国語や算数それぞれを勉強する計画を作る必要があります。

カリキュラム・マネジメントでも同様のことが言えます。子どもにたくさんの文字を覚えてほしいと思い、文字を書く練習を取り入れて、いつまでに、どのような文字を何個覚えるという緻密な指導計画を作ったとしましょう。しかし、その幼稚園は、こうした練習によってではなく、子どもが遊びや生活の中で文字の必要性や意味を理解することで文字を学ぶという教育方針であったのなら、どれほど緻密な指導計画でも幼稚園全体の方針と合わないものであり、幼稚園教育の一貫性という観点から好ましくありません。このように、どれほど緻密に指導計画を作り、ＰＤＣＡサイクルを進めても、そもそもその指導計画が全体的な計画とつながっているものでなくては意味がないのです。

第3に、「教育課程の実施に必要な人的又は物的な体制を確保するとともにその改善を図っていくこと」とあるように、**教育課程の実施に必要な人や物を用意する**ことです。どれほど立派な教育課程を作っても、作っただけでは子どもたちに届きません。教育課程を実施するために必要な人員、予算、教材や設備を用意しなくてはなりません。特に、人員に関しては幼稚園の教職員だけではなく、幼児教育や小児保健の専門家、地域子育て支援拠点や放課後児童クラブのような子育て支援の機関、市町村のような行政、家庭と連携することが重要です。子どもは、幼稚園だけではなく、地域や家庭の中でも生活をしています。そのため、幼稚園、地域、家庭が一体となり、連携するような教育課程を作り、確実に実施できる体制を整えるようにしましょう。

最後に、「組織的かつ計画的に各幼稚園の教育活動の質の向上を図っていくこと」とあるように、**カリキュラム・マネジメントは教職員全員が組織的に行う**ことです。組織的とは、園長のリーダーシップのもと、教職員全員で取り組むということです。同じ幼稚園に勤務していても教職員それぞれの指導方法や教育観があります。それぞれが好きなことを好きなようにしたり、行き当たりばったりで指導をしたりしていたのでは、園全体として幼稚園教育の一貫性を保つことができなくなります。これでは、子どもたちの育ちの連続性を支えることは難しくなります。また、全教職員が幼稚園全体の目標や指導方法を考え合ったり、どのように子どもたちの育ちを支えていくかを話し合ったりすることで、同僚としての一体感や園への帰属意識も育めます。このように、カリキュラム・マネジメントは園長だけが行うものではなく、教職員全員で取り組むのです。

　カリキュラム・マネジメントは難しいことや特別なことではなく、私たちが何かを達成する際に欠かせない考え方です。重要なことは、幼稚園教育において、カリキュラム・マネジメントを自覚的に、意識的に行うことです。自覚し、意識しないままでは、気づきや学びを得ることができないからです。

かっ かおり先生！
来月の月案 できましたっ！
おそーい
すみません…
ほら 見せてみて？
うーん
長期のねらい 健康づくりと遊び
前月の子どもの姿 ・暑さに負けず元気に遊んだ
活動内容 ・秋らしさを感じながら楽しく活動する
環境構成と配慮 ・森のある公園にいく
公園 いちょうの木 どんぐりの木
さすがにちょっと 大雑把すぎるわね
もっと 子どもたちの 興味や関心や
生活につながる ように具体的に 作らないと
でも実際 どんなことを どのくらい やったらいいか
うまく 組み立てられ なくて…
うんどう
おんがく
ことば

目標
月案のような『指導計画』は教育課程で定めた目標を達成するために作るの
目標をきちんと達成するには入念な計画が必要なのよ
たとえば「夏休みにロンドンにいく！」って目標を立てたら
飛行機やホテルの予約現地の回り方
それにいくらお金が必要かを計画するでしょ？
イギリスおトク旅
実は私思い付きで旅行したことしかなくって…
それにしたって行き方くらいは調べたんじゃないかしら

五泊七日
ロンドン
ビッグベン
それに教育方法を具体化したり明確にするためにも『指導計画』が必要なの
旅行計画
協同性
楽器遊び
表現
計画ではねらいや環境の構成を考える
その過程で私たちは実際に何をどうすればいいかを再確認することができるわ
指導計画
「こんな姿を育てる」って目標を立てて
そのためにどういう環境を作って何をするか具体的に決めるのが計画なんですね
指導計画
『指導計画』を作るには3つの要素を固めていくといいわ
3つ？

具体的なねらいや内容の設定
環境の構成
子どもの活動の展開と教師の援助
調理室
用意した環境がねらいに適しているか
どんなタイミングでどんな援助をするか
丁寧に考えたり振り返ったりする必要があるわ

じゃあ
計画をきちんと
作った上で
実際の
子どもたちの様子や
姿を見ながら
具体的な内容を
少しずつ柔軟に
変えていけば
いいんですね
そういう
こと
じゃとりあえず
今のままにして
その場その場で…
だーめ
これではまだ
計画とは
呼べないわ
明日まで
でいいから
もう少し具体的に
考えてきてね
はーい…
いちおう
「期限までに出す」
のは毎月守れてる
みたいだし
その調子で
頑張ってね
つぼみ先生！
つぼみ先生
育成計画

1-9 指導計画の作成

指導計画とは、**教育課程を実現するために、子どもの生活の様子や発達状態に即した指導のあり方を明らかにしたもの**です。具体的には、長期の指導計画と短期の指導計画があります。長期の指導計画とは、子どもの生活や発達を長い目で見通した計画です。年間指導計画や月案として作ります。また、短期の指導計画とは、長期の指導計画を基にして、子どもの興味や関心、生活の様子につながるように具体的に作る計画です。週案や日案として作ります。

指導計画が必要な理由は、2つあります。まず、**教育課程で定めた目標を達成するため**です。目標を達成するためには入念な計画が必要です。例えば、夏休みにロンドンに行くという目標を立てたのなら、いつまでにいくらのお金を貯めるのか、いつ飛行機のチケットを予約して、旅行中はいつどこを見て回るかという計画を作るでしょう。このような計画を作らないと、ロンドンに行くまでの道筋が見えないからです。

次に、**教育方法を具体化したり明確にしたりするため**です。指導計画では、ねらいや環境の構成を考えます。この過程で、教師が何を、どのようにすべきかを再確認し、明確にすることができます。夏休みにロンドンに行くという場合でも、予算や時間を考える過程で、ロンドンに行く方法が具体的になってきます。また、予算がはっきりすることで、どうしても観光したいところやこれだけは絶対に食べてみたいもののように、自分がすべきことや何を優先して何を後回しにすべきかが見えてきます。このように、教育課程で定めた入園から修了までのそれぞれの段階での子どもの育ちや、それを実現する方法を具体的にするためには、指導計画が必要なのです。

では、どのように指導計画を作ればよいのでしょうか。『要領』には、①具体的なねらいや内容の設定、②環境の構成、③子どもの活動の展開と教師の援助の３つが示されています。

①具体的なねらい及び内容の設定

具体的なねらい及び内容は、幼稚園生活における幼児の発達の過程を見通し、幼児の生活の連続性、季節の変化などを考慮して、幼児の興味や関心、発達の実情などに応じて設定すること。

ねらいは、教師がやりたいことや得意なことではなく、教育課程で定めているそれぞれの時期のねらいや子どもの興味や関心、発達状態を踏まえて設定します。７月の指導計画を作る際は７月のことだけ考えるのではなく、教育課程とのつながりを考え、子どもの様子や実態を踏まえて作るようにします。また、内容はねらいを達成するために必要な体験や教師の援助です。面白そうだからやってみようというのではなく、ねらいが達成できるかどうかという観点から内容を考えるようにしましょう。

②環境の構成

環境は、具体的なねらいを達成するために適切なものとなるように構成し、幼児が自らその環境に関わることにより様々な活動を展開しつつ必要な体験を得られるようにすること。その際、幼児の生活する姿や発想を大切にし、常にその環境が適切なものとなるようにすること。

例えば、自分の気持ちを色で表現するという活動の場合は、絵の具、クレヨン、色鉛筆など様々な道具を用意したり、たくさんの色の中から子どもが選択できるようにしたりします。幼児教育の基本は、環境を通して行う教育です。環境の構成の質が、教育の質を決めるのです。

③ 子どもの活動の展開と教師の援助

幼児の行う具体的な活動は、生活の流れの中で様々に変化するものであることに留意し、幼児が望ましい方向に向かって自ら活動を展開していくことができるよう必要な援助をすること。

教師は子どもの様子を観察し、十分な学びになっているか、興味や関心は広がっているか、発達を促す活動になっているかなどを把握します。また、やりたいことができなかったり、途中であきらめてしまったりする子どもに対して、必要な援助を考えます。どのようなタイミングで、どのような援助をするかを丁寧に考えることで、子どもの主体性を失うことなく援助することができるようになります。

このように、指導計画は教育課程を実現し、子どもの育ちを支える指導を行うために欠かせません。とは言え、指導計画はこなすためにあるのではないことは常に意識してください。指導計画通りにできたかどうかは重要ではありません。指導計画は、子どもを計画に合わせることでも、教師が一方的に活動を与えることでもなく、子どもの様々な力を引き出すためのものです。だから、指導計画通りに進んだかどうかではなく、子どもたちの育ちや学びは十分であったかという観点から考えるようにします。特に、指導計画通りに進んだ場合は、うまく進んだということもあり、課題や改善点に気が付きにくいものです。そのようなときほど、丁寧に振り返るようにしましょう。

また、子どもの様子や実態に即して指導計画は柔軟に変更しましょう。一度作った指導計画は変更してはいけないものではありません。指導計画は仮に作った考え（仮説）だからです。子どもの実際の様子に合わせて柔軟に変更することで、子どもの主体性と教師の計画性がバランスよくつながり、よりよい教育になっていきます。

Column 2

主体的・対話的で深い学び

環境問題のように、答えがすぐに見つからない課題や一人では解決できない課題がたくさんあることから、これからの社会では、自分で課題を見つけ、解決策を考え、行動することや、他者と話し合ったり協力し合ったりすることがより必要になってきます。

こうした力を子どもが身に付けるようにするために、近年の学校教育では**アクティブ・ラーニング**という学び方が重視されてきました。『要領』では、アクティブ・ラーニングとは「**主体的・対話的で深い学び**」としています。「主体的・対話的で深い学び」は、幼稚園教育から小学校以降のすべての教育において求められています。だから、『要領』だけではなく、小学校以降の『学習指導要領』にも示されています。

では、「主体的・対話的で深い学び」とは、どのようなものでしょうか。まず、**主体的な学び**とは、「**周囲の環境に興味や関心を持って積極的に働き掛け、見通しを持って粘り強く取り組み、自らの遊びを振り返って、期待を持ちながら、次につなげる**」学びです。主体的に学ぶことで、好奇心や探究心、主体性や自己肯定感、我慢強さや粘り強さ、見通しをもつことや学びを振り返ることを身に付けます。特に、見通しをもつことや振り返りをすることは、子どもの主体性を育むために重要です。

対話的な学びとは、「**他者との関わりを深める中で、自分の思いや考えを表現し、伝え合ったり、考えを出し合ったり、協力したりして自らの考えを広げ深める**」学びです。友達とおしゃべりしているだけではなく、対話を通して他者との関わりや自分の考えを広げ、深めることができるような学びです。対話的な学びによって、他者と目的やイメージ、それぞれの思いを共有すること、自分の気持ちを表現したり折り合いをつけたりすること、自分の考えを広げたり深めたりすることを身に付けていきます。他者への感情や意識、他者との信頼関係も育みます。

深い学びとは、**「直接的・具体的な体験の中で、「見方・考え方」を働かせて対象と関わって心を動かし、幼児なりのやり方やペースで試行錯誤を繰り返し、生活を意味あるものとして捉える」**学びです。「見方・考え方」とは、「幼児が身近な環境に主体的に関わり、環境との関わり方や意味に気付き、これらを取り込もうとして、試行錯誤したり、考えたりする」ことです。深い学びを通して、〝すごい!〟〝キレイ!〟のような感情や感覚を味わったり、〝なぜそうなるのか?〟、〝この後はどうなっていくのか?〟試行錯誤したり、物事の分類や規則・法則性を学んだりします。

そもそも、幼稚園教育ではすでにこうした学びをしているところも多いはずです。子どもが遊びに夢中になっているときは、まさに「主体的・対話的で深い学び」であることも多いでしょう。だから、幼稚園教育にとっては、特に新しいことではありません。それにもかかわらず、「主体的・対話的で深い学び」が『要領』に示されたのは、幼稚園教育の質の改善の視点として活用することが期待されているからです。実際、「主体的・対話的で深い学び」は「指導計画の作成上の留意事項」の1つとして示されています。いつもと同じような遊びを用意したり、教師がたくさん指示を出したりしていませんか。もしそうなら、子どもたちの学びは、「主体的・対話的で深い学び」ではなくなっています。「主体的・対話的で深い学び」が実現するように、子どもたちの遊びや生活を意識的に見直し、指導の改善をしていくようにしましょう。

10　幼児理解に基づいた評価

『幼児理解に基づいた評価』もちゃんとできそうね
評価？
こころちゃんを評価するってことですか？
いいえ
私たちが作った指導計画を自己評価するの
定期試験でも計画を立てて勉強して
解けなかった問題や点数の低かった科目を振り返ったりして
次の試験での勉強方法や対策をどう改善するかって見直してきたでしょう？
はい しました！
とっくん 数Ⅰ
数Ⅰ対策
UP! 数Ⅰ
今度はちゃんとカンを当てるぞ！とか
ゲームのイベントは先にクリアしておこーとか
もっと根本から見直したほうがよさそうだけど…
私たちの指導も一回やっておしまいでは効果がないのよ
その場かぎり
きちんとした振り返りと改善を積み重ねて毎日の指導の質を上げていく必要があるの
改善
振り返り
つみ重ね

じゃあこころちゃんが
うまく跳べなかったのは
私の指導が何か間違ってた
ってことでしょうか…
それはまだ
わからないわ
どうやって指導を
自己評価するか
これから一緒に
考えましょう
指導の評価は
「この子は何回跳べた」
「何人中何人跳べた」
みたいな基準で
見るのではなく
目標
全員100回!
一人一人の良さや
可能性を捉えて
伸ばしているかを
評価する必要があるの
『10の姿』を
育めているか
『主体的・対話的で
深い学び』が
できているか
そういう観点で
指導を振り返って
みるといいわ
こころちゃんは
お花やちょうちょが
大好きなおとなしい
子ですけど
ちゃんとその
主体性を尊重したり
伸ばすような指導に
なってるかな…

じゃあ
つぼみ先生の指導が
どんな評価か
他の先生にも
聞いてみましょうか
…というわけ
なんですよ
この指導って
先生方はどう
思いますか？
この内容なら
年少のうちにみんな
跳べるようになるん
じゃないかな
私は丁寧で
いいと思うわよ
ありがとう
ございます！
跳べない子は
そもそも縄を
回せていない
場合もあるから
左右で別々の縄を
持ってまずは跳ばずに
手で回す練習も
いいわね
はい！

みんなの言う通り私も指導自体はよくできていると思うわ
もう少し様子を見てみたら？
はい…
あっまた…
こころちゃん跳んでないなあ
こころちゃんどうしたの？
なわとびあんまり好きじゃないのかな？
だって…
ここちゃんがなわとびするとね
アリさん踏んじゃうから…
そうだったんだそれなら…！

アリさんの
入ってこない
体育館なら
安心して
なわとび
できるね！
うん！
よかったわね
みんな楽しそうに
跳べてるみたい
はい！
でも私
こころちゃんの
気持ちが
見えてなかった
ってことですから
これからはもっと
自分の指導をしっかり
評価して改善して
みんなを育める
いい指導に
していきますね！
よーし先生
がんばる！
必殺の
二重クロス
後ろ跳びよ！
お調子乗りの
改善は…
ま　いいか
すげー

1-10 幼児理解に基づいた評価

指導の質を高めるためには、幼児理解に基づいた評価を行います。幼児理解に基づいた評価とは、それ指導を振り返り、改善するところをみつけ、それを次の指導に生かしていくことです。

なぜ評価が必要なのでしょうか。それは、入念な指導計画を作っても、計画通りに指導が進むわけではないからです。また、計画通りに進んだとしても、他にもっとよい指導があるかもしれないからです。毎日の指導を振り返り、改善していくのです。こうした改善の積み重ねが、指導の質を高めることになります。

みなさんが学生だった頃の定期試験では、いつ、何を勉強するかという計画を作って、勉強し、試験を受けたはずです。試験で回答できなかったところは教科書やノートを振り返り、正確に理解していなかったから解けなかったというように勉強の計画ややり方を振り返り、次の試験のときは教科書をもっと丁寧に読もうというように、より効果的な計画ややり方を考えたのではないでしょうか。指導も試験もやりっぱなしでは効果がなく、きちんと評価することが重要なのです。

幼児理解に基づいた評価について、『要領』には2つのことが示されています。第1に、「指導の過程を振り返りながら幼児の理解を進め、幼児一人一人のよさや可能性などを把握し、指導の改善に生かすようにすること。その際、他の幼児との比較や一定の基準に対する達成度についての評定によって捉えるものではないことに留意すること」とあります。ここから、さらに2つのことがわかります。まず、評価の際は子ども同士を比較するのではなく、子ども一人ひとりのよさや可能性を捉えるようにすることです。その子がいま何に興味や関心をもっているか、どのような体験をすればもっと伸びるか、得意なことを生かすにはどのような活動がよいかを考え、次の指導に生かしていくのです。

また、「一定の基準に対する達成度についての評定によって捉えるものではない」とあるように、小学校以降の通知表のように、子どもの育ちを成績付けするものではないことです。子どもの育ちを踏まえて、よりよい指導を考えるのです。その際、「幼児期の終わりまでに育ってほしい姿」や「主体的・対話的で深い学び」の観点から指導を振り返るとよいでしょう。「自立心」をもっと伸ばすためにはどのような指導がよいか、今日の遊びは主体的な学びになるようなものだったかというように振り返り、改善するところを見つけ、次の指導に生かしていきます。

第2に、「評価の妥当性や信頼性が高められるよう創意工夫を行い、組織的かつ計画的な取組を推進するとともに、次年度又は小学校等にその内容が適切に引き継がれるようにすること」とあります。ここからも2つのことがわかります。まず、評価の妥当性や信頼性が求められていることです。何となくそう思う、私はそう感じるではなく、そのように評価した根拠がわかるようにします。例えば、子どもの様子を細かく記したエピソード記述や、写真や動画を用いて指導を可視化したドキュメンテーションを使って評価したり、同僚との対話を通して多面的に評価したりします。次に、こうした評価を幼稚園全体の取り組みとして行うということです。例えば、園内研修の際にそれぞれの教師が自分なりの評価を持ち寄り、参加者全員で考え合うようにするのです。

このように、指導の質を高めるために評価は欠かせないのです。

第2章

ねらい及び内容

あら製作の教材づくり？
はい！
秋の製作活動としてどんぐりや落ち葉を使ってみるんです
グループを作って話しあって材料を選んで
作ったものを発表してもらおうかなって
んー年少さんにはちょっと
複雑すぎるかしらね
そうなんです
なので
どうすればクラスのみんなが楽しめるのか悩んでて…
なるほどねそれじゃあ
『5領域』を意識して考えてみましょうか
『5領域』を？

健康な心と体を育て、自ら健康で安全な生活をつくり出す力を養う
他の人々と親しみ、支え合って生活するために、自立心を育て、人と関わる力を養う
感じたことや考えたことを自分なりに表現することを通して、豊かな感性や表現する力を養い、創造性を豊かにする
健康
表現
人間関係
5領域
言葉
環境
ハ
周囲の様々な環境に好奇心や探究心をもって関わり、それらを生活に取り入れていこうとする力を養う
経験したことや考えたことなどを自分なりの言葉で表現し、相手の話す言葉を聞こうとする意欲や態度を育て、言葉に対する感覚や言葉で表現する力を養う
『5領域』は私たちが総合的な指導を行ったり
子どもが関わる環境を構成したりする際の視点になるの
指導の際や環境を構成する際常にこの『5領域』全てを意識する必要があるわ
国語の授業では
分数や方程式を使うことはあまりないけれど
八百屋さんごっこのような遊びなら
『5領域』すべてが関わってくるわ
環
人
健
表
言
5つとも全部ですか?

遊びの中の
どんな要素が
『5領域』につながるのか
考えてみましょう
表現：
お客さんを呼ぶのに音や声を出すような工夫をこらす
健康：
どんな場所でなら安全に遊べるか考える
言葉：
店員役をする時お客さん役の人とどんな会話をするか考える
環境：
お店で売っている野菜は何か　お店作りに何が必要か考える
人間関係：
誰と一緒にどんな役割で遊ぶのか話しあう

それはなあに?
ふね! かっこいいでしょ!!
ふ〜ね
健康：
楽しみながら活動に取り組む
人間関係：
仲間に認められて、自分のよさに気が付く
環境：
生活や自然の中にある素材を活用する
言葉：
作ったものが何か伝わるように言葉にして発表する
表現：
いろいろな素材に親しみ工夫して作る

指導や環境の構成は
それが『10の姿』と
どうつながるのか
言葉
表現
どうすれば
もっと
伸びるか
必ずそれを
意識しながら
組み立てましょうね
はい！
じゃあみんな！
森の宝物を
集めて
先生のドレスを
かわいくして！
これなら
みんな楽しく
『表現』を…
ん？
きゃあ！
虫がついてる！
いやあ！
うふふ
おもしろい『姿』に
つながっちゃった
わね
わ
笑ってないで
助けて
くださいよぉ～

2-1 5領域のねらい及び内容(1)

5領域
健康 人間関係 環境 言葉 表現

幼稚園教育は**5領域**で示されているねらいと内容を踏まえて行います。5領域とは、**子どもの発達を5つの側面からまとめたもの**です。第1に、心身の健康に関する領域である「**健康**」です。これは「健康な心と体を育て、自ら健康で安全な生活をつくり出す力を養う」ことです。第2に、人との関わりに関する領域である「**人間関係**」です。これは「他の人々と親しみ、支え合って生活するために、自立心を育て、人と関わる力を養う」ことです。第3に、身近な環境との関わりに関する領域である「**環境**」です。これは「周囲の様々な環境に好奇心や探究心をもって関わり、それらを生活に取り入れていこうとする力を養う」ことです。第4に、言葉の獲得に関する領域である「**言葉**」です。これは「経験したことや考えたことなどを自分なりの言葉で表現し、相手の話す言葉を聞こうとする意欲や態度を育て、言葉に対する感覚や言葉で表現する力を養う」ことです。第5に、感性と表現に関する領域である「**表現**」です。これは「感じたことや考えたことを自分なりに表現することを通して、豊かな感性や表現する力を養い、創造性を豊かにする」ことです。

5領域それぞれに、**ねらい**、**内容**、**内容の取扱い**があります。『要領』では、**ねらい**とは「**幼稚園教育において育みたい資質・能力を幼児の生活する姿から捉えたもの**」とあります。幼稚園教育において育みたい資質・能力とは、「知識及び技能の基礎」、「思考力、判断力、表現力等の基礎」、「学びに向かう力、人間性等」のことです(38頁参照)。これら3つの資質・能力は抽象的な表現で示されているので、ねらいは子どもが生活する姿として具体的に記してあります。例えば、「健康」では、「明る伸び伸びと行動し、充実感を味わう」、「自分の体を十分に動かし、進んで運動しようとする」、「健康、安全な生活に必要な習慣や態度を身に付け、見通しをもって行動する」とあります。このように、子どもに育てたい具体的な心情、意欲、態度が示されています。

また、**内容**とは「**ねらいを達成するために指導する事項**」とあります。ねらいを達成するために教師が指導することによって、子どもに身に付けてほしいことです。例えば、「健康」では、「先生や友達と触れ合い、安定感をもって行動する」、「いろいろな遊びの中で十分に体を動かす」、「進んで戸外で遊ぶ」など、10項目が示されています。

最後に、**内容の取扱い**とは「**幼児の発達を踏まえた指導を行うに当たって留意すべき事項**」とあります。例えば、「健康」では、「心と体の健康は、相互に密接な関連があるものであることを踏まえ、幼児が教師や他の幼児との温かい触れ合いの中で自己の存在感や充実感を味わうことなどを基盤として、しなやかな心と体の発達を促すこと。特に、十分に体を動かす気持ちよさを体験し、自ら体を動かそうとする意欲が育つようにすること」など、6項目が示されています。

指導をする際は、幼稚園教育において育みたいことをまとめたねらい、ねらいを達成するために必要な指導をまとめた内容、指導をする際に配慮することをまとめた内容の取扱いを丁寧に読みましょう。そうすることによって、よりよい指導が可能になります。例えば、「人間関係」のねらいの1つに、「幼稚園生活を楽しみ、自分の力で行動することの充実感を味わう」とあります。このねらいを達成するために、内容には「自分で考え、自分で行動する」、「自分でできることは自分でする」、「いろいろな遊びを楽しみながら物事をやり遂げようとする気持ちをもつ」とあります。子どもが自分の力でできたという充実感や達成感を得られるようにするために、内容の取扱いには「教師との信頼関係に支えられて自分自身の生活を確立していくことが人と関わる基盤となることを考慮し、幼児が自ら周囲に働き掛けることにより多様な感情を体験し、試行錯誤しながら諦めずにやり遂げることの達成感や、前向きな見通しをもって自分の力で行うことの充実感を味わうことができるよう、幼児の行動を見守りながら適切な援助を行うようにすること」というように、指導をする際に配慮することが示されています。

本節の最後に、**5領域に関して気を付けること**を2つ説明します。まず、**5領域は教師が総合的な指導を行ったり、子どもが関わる環境を構成したりする際の視点であること**です。指導や環境を構成する際は、常に5つの側面を意識するということです。5領域は小学校の国語や算数のようにそれぞれ独立したものではなく、お互いに関係し合っているからです。

例えば、小学校の国語の授業で分数や方程式を使うことはあまりないでしょうが、八百屋さんごっこでは5領域すべてが関係しています。八百屋さんごっこをする子どもは、園内のどこで遊んでよいか、どこで遊ぶと安全かを考えるでしょう（「健康」）。誰と一緒に遊ぶのか、誰が店員役をするのか（「人間関係」）、今の季節で売っている野菜は何か、どうやって商品名と値段を書いたらよいか（「環境」）も決めるでしょう。八百屋の店員はどのような言葉でお客に声をかけるか、一緒に遊ぶ友達はどのように遊びを進めていきたいかも話し合うでしょう（「言葉」）。店内で流す音楽を探したり、お客を呼ぶために石をたたき合わせて元気な音を出したりもするでしょう（「表現」）。このように、5領域が別々ということではなく、お互いに関係し合い、影響し合って子どもは発達していきます。だから、指導や環境を構成する際は、5つすべての側面から考える必要があるのです。

次に、**「幼児期の終わりまでに育ってほしい姿」（以下、「10の姿」）とのつながりを意識すること**です。「10の姿」は、5領域に基づく毎日の指導を通して、幼稚園修了時に3つの資質・能力が育まれている子どもの姿です。だから、指導をする際は、「10の姿」に近づいているか、どのようにすればもっと伸びるかというように、「10の姿」を見据えて指導をするということです。旅行に行く際も、パリに行くのか箱根に行くのかでは、予算も交通手段も変わってきます。どこに旅行に行くのか決めないまま、予算や交通手段を考えても意味がありません。同じように、幼稚園教育でも、どこを目指すかを意識しないまま指導しても指導の内容も決まらず十分な効果も得られません。5領域に基づく指導であっても、どのような子どもになってほしいかを明確に意識しないのでは、子どもの育ちにはつながらないのです。

2　5領域のねらい及び内容(2)

1. 健康

健康な心と体を育て、自ら健康で安全な生活をつくり出す力を養う

2. 人間関係

他の人々と親しみ、支え合って生活するために、自立心を育て、人と関わる力を養う

3. 環境

周囲の様々な環境に好奇心や探究心をもって関わり、それらを生活に取り入れていこうとする力を養う

4. 言葉

経験したことや考えたことなどを自分なりの言葉で表現し、相手の話す言葉を聞こうとする意欲や態度を育て、言葉に対する感覚や言葉で表現する力を養う

5. 表現

感じたことや考えたことを自分なりに表現することを通して、
豊かな感性や表現する力を養い、創造性を豊かにする

実習終わっちゃいましたね
ええ　毎年のことだけど
ちょっぴり寂しいわね
今回つぼみ先生が教えてくれた『5領域』という見方はね
保育園や認定こども園の教育とも共通した私たちにとってとても大事なものなの
つぼみ先生にそれを教わったあの子たちなら
どこの園でもきっといい先生になれるわね
やだなもういい先生だなんて
私なんてまだまだですよう！
うちに来てくれるといいわねあの子たち
ねっ、つぼみセンパイ？

2-2 5領域のねらい及び内容(2)

本節では、5領域のねらい、内容、内容の取扱いについて、今回の改訂によって新しく追加されたところを説明します。『要領』から関連する部分を引用し、改訂箇所には傍線が付けてあります。

① 健康

1 ねらい

(3) 健康、安全な生活に必要な習慣や態度を身に付け、見通しをもって行動する。

2 内容

(5) 先生や友達と食べることを楽しみ、食べ物への興味や関心をもつ。

3 内容の取扱い

(2) 様々な遊びの中で、幼児が興味や関心、能力に応じて全身を使って活動することにより、体を動かす楽しさを味わい、自分の体を大切にしようとする気持ちが育つようにすること。その際、多様な動きを経験する中で、体の動きを調整するようにすること。

(4) 健康な心と体を育てるためには食育を通じた望ましい食習慣の形成が大切であることを踏まえ、幼児の食生活の実情に配慮し、和やかな雰囲気の中で教師や他の幼児と食べる喜びや楽しさを味わったり、様々な食べ物への興味や関心をもったりするなどし、食の大切さに気付き、進んで食べようとする気持ちが育つようにすること。

(5) 基本的な生活習慣の形成に当たっては、

家庭での生活経験に配慮し、幼児の自立心を育て、幼児が他の幼児と関わりながら主体的な活動を展開する中で、生活に必要な習慣を身に付け、次第に見通しをもって行動できるようにすること。

(6)
安全に関する指導に当たっては、情緒の安定を図り、遊びを通して安全についての構えを身に付け、危険な場所や事物などが分かり、安全についての理解を深めるようにすること。また、交通安全の習慣を身に付けるようにするとともに、避難訓練などを通して、災害などの緊急時に適切な行動がとれるようにすること。

子どもが見通しをもって行動するためには、すべきことであるという必要性、やってみたいという気持ち、こうすればできるというやり方が必要になります。そのため、何でもかんでも教師が指示を出すのではなく、こうしたことを子どもが自分で理解できるように指導していきます。例えば、園外を散歩する際、教師がいつも子どもと手をつないでいては、安全かもしれませんが、子どもが自分で危険を予測して回避するような見通しをもった行動は身に付きません。安全に対する構えも身に付きません。絵本や動画を通して、なぜ道路は危険か、どこをどのように歩けば安全かを子どもが理解できるようにします。

また、食べ物への興味や関心を育むことも重要です。どの子にも苦手なものはあります。ある保育園では、子どもが食べないと立たせて、食べるまで座らせないようにしているそうです。このようなやり方ではなく、絵本や紙芝居、園庭での栽培活動を通して、食べ物に対する子どもの興味や関心を育み、食べてみたい、食べてみようという気持ちを育みましょう。

さらに、多様な動きは、遊びの中にたくさんあります。例えば、かくれんぼには、走ったり、走りながら振り返ったり、身を潜めるために体を縮めたりというように、多様な動きがたくさんあります。運動の専門家による特別な体操や運動である必要はありません。毎日の遊びや生活の中で、子どもが多様な動きを経験できるようにしましょう。

②人間関係

1 ねらい

(2) 身近な人と親しみ、関わりを深め、工夫したり、協力したりして一緒に活動する楽しさを味わい、愛情や信頼感をもつ。

3 内容の取扱い

(1) 教師との信頼関係に支えられて自分自身の生活を確立していくことが人と関わる基盤となることを考慮し、幼児が自ら周囲に働き掛けることにより多様な感情を体験し、試行錯誤しながら諦めずにやり遂げることの達成感や、前向きな見通しをもって自分の力で行うことの充実感を味わうことができるよう、幼児の行動を見守りながら適切な援助を行うようにすること。

(2) 一人一人を生かした集団を形成しながら人と関わる力を育てていくようにすること。その際、集団の生活の中で、幼児が自己を発揮し、教師や他の幼児に認められる体験をし、自分のよさや特徴に気付き、自信をもって行動できるようにすること。

あきらめないで最後までやり遂げることで忍耐力ややり切る力が、教師や友達から自分のよさを認めてもらうことで自信や自己肯定感が育まれます。これらは非認知的能力（66頁、コラム1参照）とも言われます。非認知的能力は、教師との信頼関係や愛情によって育まれます。子どもがやりたいと思うことをやれるような環境を用意すること、友達と対話したり協働したりする機会を増やすこと、うまくできないときでも見守ったり激励したりすることで、子どもは教師からの信頼や愛情を感じます。こうした信頼や愛情のもとで、試行錯誤したり友達と協力し合ったりして、非認知的能力を育んでいくのです。

③ 環境

2 内容

(6) 日常生活の中で、我が国や地域社会における様々な文化や伝統に親しむ。

(8) 身近な物や遊具に興味をもって関わり、自分なりに比べたり、関連付けたりしながら考えたり、試したりして工夫して遊ぶ。

3 内容の取扱い

(1) 幼児が、遊びの中で周囲の環境と関わり、次第に周囲の世界に好奇心を抱き、その意味や操作の仕方に関心をもち、物事の法則性に気付き、自分なりに考えることができるようになる過程を大切にすること。また、他の幼児の考えなどに触れて新しい考えを生み出す喜びや楽しさを味わい、自分の考えをよりよいものにしようとする気持ちが育つようにすること。

(4) 文化や伝統に親しむ際には、正月や節句など我が国の伝統的な行事、国歌、唱歌、わらべうたや我が国の伝統的な遊びに親しんだり、異なる文化に触れる活動に親しんだりすることを通じて、社会とのつながりの意識や国際理解の意識の芽生えなどが養われるようにすること。

子どもが社会とのつながりの意識をもつためには、地域のお祭りや催しに参加するというような特別な体験を重視するのではなく、毎日の遊びや生活の中で地域の文化や伝統に触れることが重要です。例えば、七夕かざりを作る際には、地域の中で笹を探したり、地域の人と一緒に短冊を書いたりするのもよいでしょう。七夕かざりには、短冊以外にも紙衣《かみこ》や巾着《きんちゃく》もあります。これらを一緒に作るのもよいでしょう。こうした体験を通して、子どもは自分も社会の一員であることや社会の仕組みを少しずつ理解していきます。

また、国際理解の意識も同様です。食事の前の挨拶を英語にしたり外国人講師による英会話の活動をしたりする幼稚園も増えています。しかし、こうした活動は、異なる文化をもつ他者からもっと話を聞いてみたい、一緒に遊んでみたいという気持ちがあってこそ意味をなします。毎日の遊びや生活の中で、異なる文化をもつ友達が感じたこと、見たこと、考えたことをもっと理解したいという気持ちを育むことが重要です。

さらに、子どもが自分の考えをよりよいものにしようとする気持ちを育むために、「主体的・対話的で深い学び」の観点から指導を見直します。例えば、子どもが主体的に行動できているか、友達と対話する機会は十分か、子どもがドキドキしたり不思議を感じたりしているかなどを考えます。子どもをただ遊ばせているだけであったり、子どもにすべて任せてしまったりするのでは、子どもの学びを充実させる指導にはなりません。

④ 言葉

1 ねらい

(3) 日常生活に必要な言葉が分かるようになるとともに、絵本や物語などに親しみ、言葉に対する感覚を豊かにし、先生や友達と心を通わせる。

3 内容の取扱い

(4)　幼児が生活の中で、言葉の響きやリズム、新しい言葉や表現などに触れ、これらを使う楽しさを味わえるようにすること。その際、絵本や物語に親しんだり、言葉遊びなどをしたりすることを通して、言葉が豊かになるようにすること。

幼稚園教育では、子どもが言葉をたくさん覚えることではなく、言葉に対する感覚を豊かにすることが重要です。言葉に対する感覚を豊かにするとは、言葉の響きやリズム、新しい言葉、言葉と言葉の微妙な違いに気が付き、楽しみ、興味や関心をもつことです。なぜなら、言葉に対する感覚が育まれれば、自然と言葉を覚えていくようになるからです。そのために、絵本や紙芝居、言葉遊びを使います。例えば、紙芝居には、『おおきく　おおきく　おおきくなあれ』（※1）や『ごきげんのわるいコックさん』（※2）のように、紙芝居を演じる人と一緒に子どもも声をだす作品があります。「おおきく　おおきく　おおきくなあれ」や、「ムニュムニュ」や「カチカチ」のような言葉は響きもリズムもよいため、子どもは興味や関心をもちやすいでしょう。また、言葉遊びには、しりとりや言葉集めがあります。もちろん、教師や友達との対話も、たくさんの言葉に出会う機会となります。このように、遊びや生活を通して、子どもが言葉に対する感覚を豊かにし、言葉を使う楽しさを味わえるようにしましょう。

⑤ 表現

3 内容の取扱い

(1)　豊かな感性は、身近な環境と十分に関わる中で美しいもの、優れたもの、心を動かす出来事などに出会い、そこから得た感動を他の幼児や教師と共有し、様々に表現することなどを通して養われるようにすること。その際、風の音や雨の音、身近にある草や花の形や色など自然の中にある音、形、色などに気付くようにすること。

(3) 生活経験や発達に応じ、自ら様々な表現を楽しみ、表現する意欲を十分に発揮させることができるように、遊具や用具などを整えたり、様々な素材や表現の仕方に親しんだり、他の幼児の表現に触れられるよう配慮したりし、表現する過程を大切にして自己表現を楽しめるように工夫すること。

豊かな感性は、音楽教室や絵画教室に通わなくても、生活の中にある雨風の音や木、草、花の形、色、匂いに気が付き、感動することで育まれます。激しい雨と小雨では音が異なります。都会の中の雨と山の中の雨では匂いが異なります。園庭の木と森の中の木は形が異なります。このように、身近な自然の中にある音、形、色、匂いに気が付くようにすることで、子どもの豊かな感性が育まれます。

また、子どもが自分の気持ちや感じたことを表現するためには、様々な素材や表現の仕方に親しんだり、友達の表現から学んだりすることができるようにします。色鉛筆やクレヨンだけではなく絵の具も用意すると、色鉛筆やクレヨンとは異なる新たな色彩で自分の気持ちを表現できます。道具や素材を使いながら、自分が伝えたかった気持ちがはっきりしてきたり、他の表現の仕方に気が付いたりします。子どもの表現の可能性が広がるような素材や道具を用意するようにしましょう。

これまで説明してきた5領域のねらい、内容、内容の取扱いは、『保育所保育指針』では「3歳以上児の保育に関するねらい及び内容」、『幼保連携型認定こども園教育・保育要領』では「満3歳以上の園児の教育及び保育に関するねらい及び内容」とほぼ同じです。なぜ3つともほぼ同じ記述になっているかというと、3歳以上の教育を幼児教育として共通にしたからです。幼児教育として共通にしたのは、子どもが保育所、幼稚園、認定こども園のどこに通っても、同じ教育を受けることができるようにするためです。

現在は3歳以上の子どもの多くが保育所か幼稚園に通っています。その割合は半分ずつとなっています。また、認定こども園に通う子どもも増えてきています。いずれ、3歳以上のすべての子どもは保育所、幼稚園、認定こども園のいずれかに通うようになるでしょう。そうなると、保育所、幼稚園、認定こども園それぞれで行う教育があまりに異なるという状況は好ましくありません。これは、小学校教諭にとっても重要です。入学してくる子どもの体験や経験があまりに異なるようでは、授業を円滑に行うことができません。そのため、保育所、幼稚園、認定こども園のどこに通っても同じ教育を受けることができるようにする必要があります。だから、3歳以上の子どもの教育は幼児教育として共通にする、具体的には5領域の記述をほぼ同じにしたのです。

もちろん、幼児教育といっても特別に新しいことをするわけではありません。「幼児期の終わりまでに育ってほしい姿」を目指して、5領域を踏まえた教育を行うということに変わりはありません。幼児教育は小学校の学習の先取りをすることではないことは忘れないようにしてください。

※1：まついのりこ＝脚本・絵『おおきく　おおきく　おおきくなあれ』童心社、1983.

※2：まついのりこ＝脚本・絵『ごきげんのわるいコックさん』童心社、1985.

第3章

教育課程に係る
教育時間の終了後等に行う
教育活動などの留意事項

1　教育課程に係る教育時間の終了後等に行う教育活動

昼間に運動した日は
負担が大きく
ならないように
絵本や製作のように
落ち着いた内容の
活動をする
といった配慮が
必要になるわね
年少クラスの子は
寝かせてあげる
ことも多いですね

地域の方々との
関わり合いや
園だけでは
できない体験を
組み込んだ計画も
大切にしたいわね
私たちが
できることだけじゃ
限りがありますもんね

幼稚園にいる時間がどうしても長くなっちゃうから
少しでもご家庭と接点を作ったり共有できる経験や体験を作ってあげたいですよね

預かり保育はサービスではなく子どもの育ちを支えるしくみだってことも忘れちゃいけないわね
いろんな生活スタイルで預かり保育を利用するご家庭がありますけど幼稚園教育の『全体的な計画』の一部には違いないですもんね

そのためには私たちが
安心して預けて頂けるように
しっかり計画や体制を整えないといけませんよね
19じ
預かり予定
環境が昔と違う今
預かり保育はいっそう
重要になってくるわ
ただ預かる
だけじゃなくて
預かり保育を通して
子どもたちの育ちを
支えていきましょう
はい！
あれ？
でも…
かおり先生が
子どもの頃って
いつの話…？
だがし
かおり先生の
若さを支えてるのは
なんですか？
うふふ
答えは
お預けでーす

3-1 教育課程に係る教育時間の終了後等に行う教育活動

教育課程に係る教育時間の終了後等に行う教育活動とは、「地域の実態や保護者の要請により、教育課程に係る教育時間の終了後等に希望する者を対象に行う教育活動」です。もう少し具体的に言うと、教育課程に係る教育時間（4時間が標準）の前後や長期休業期間中に、地域の実態や保護者の要請に応じて、園児のうち希望者を対象に行う教育活動です。預かり保育とも言われます。

　これまで、預かり保育は幼稚園で行う教育ではあるものの、あまり重視されてきませんでした。なぜなら、預かり保育は教育課程とは異なる活動だからです。また、教育課程は幼稚園に通う子ども全員が対象ですが、預かり保育は少数の希望者だけが対象だからです。だから、預かり保育の時間はずっと教室内で過ごしているということもありました。また、預かり保育は非常勤の教諭が担当し、教育課程を担当する教諭はほとんど関与しないということもありました。

　しかし、今では預かり保育はいっそう重要になってきています。そもそも、教育課程が4時間を標準としてきたのは、幼稚園から帰宅した後、家庭や地域の中で様々な体験をすることが前提でした。しかし、今は家庭でも地域でも遊ぶ場所や一緒に遊ぶ相手も見つからないことがあります。これでは、教育課程に基づく活動だけでは子どもは十分な体験をすることができず、様々なことを学ぶ機会も得られなくなります。

　そこで、預かり保育が重要になります。預かり保育では、ただ預かっているだけではなく、子どもが様々な体験ができるように配慮します。『要領』には、預かり保育の際に配慮することが5つ示されています。

　第1に、「教育課程に基づく活動を考慮し、幼児期にふさわしい無理のないものとなるようにすること。その際、教育課程に基づく活動を担当する教師と緊密な連携を図るようにすること」です。**教育課程と預かり保育の連携が重要です。**子どもの心身の負担にならないように配慮したり、教育課程と預かり保育の活動がつながるようにしたりします。例えば、教育課程の時間に激しい運動をしたのなら、預かり保育では絵本を読んだり製作をしたりしてくつろいだ雰囲気の中で過ごせるようにします。預かり保育では子どもの睡眠は義務ではありませんが、睡眠をとってもよいでしょう。また、教育課程の時間に地域について本やインターネットで調べたのなら、預かり保育では実際に地域に出かけて地域の人と話をしたり活動を一緒に行ったりするのもよいでしょう。このように、教育課程と預かり保育を連携させるようにしましょう。

第2に、「家庭や地域での幼児の生活も考慮し、教育課程に係る教育時間の終了後等に行う教育活動の計画を作成するようにすること。その際、地域の人々と連携するなど、地域の様々な資源を活用しつつ、多様な体験ができるようにすること」です。**預かり保育も幼稚園で行う教育ですから、指導計画を作る必要があります。**指導計画の重要さは先にも説明しましたが、よりよい預かり保育のためには入念な指導計画が欠かせません。また、指導計画を作る際は、地域との関わりが体験できるようにしましょう。なぜなら、本来は、教育課程の時間が終わった後は地域で過ごすことが前提とされているからです。地域で体験できることは、幼稚園で体験できることとは異なります。ですから、指導計画を作る際は、地域の異年齢の子どもと遊んだり高齢者と交流したりするなど、子どもが地域と関わりをもてるようにしましょう。

第3に、「家庭との緊密な連携を図るようにすること。その際、情報交換の機会を設けたりするなど、保護者が、幼稚園と共に幼児を育てるという意識が高まるようにすること」です。**預かり保**

育を充実させるためには、家庭との連携が重要です。預かり保育を利用する子どもは、幼稚園で長時間を過ごすことになります。これは、家庭で過ごす時間が少なくなるということでもあります。子どもにとっては、家庭での体験が乏しくなります。保護者にとっても、幼稚園に子育ての大半を任せてしまうと、子育ての喜びを感じたり子育てする力を育んだりすることができなくなります。だから、幼稚園と家庭が連携するのです。例えば、自宅ではペットボトルのキャップを集める遊びをしているのなら、預かり保育ではペットボトルのキャップを使って家や車を作るようにします。園の中で読んでいる絵本を保護者に伝えることで、自宅でも読むことができるようにします。幼稚園教育は保護者が楽をするためのサービスではありません。子どもの育ちや、保護者の子育てを支えるためにあるのです。

第4に、「地域の実態や保護者の事情とともに幼児の生活のリズムを踏まえつつ、例えば実施日数や時間などについて、弾力的な運用に配慮すること」です。預かり保育の利用者が増えるにつれて、利用の仕方も様々になってきました。例えば、預かり保育を毎日希望する、週の何日かを希望する、教育課程の時間よりも早く帰ることを希望するなどです。重要なことは、**預かり保育は保護者に対するサービスではなく、子どもの育ちを支えるためにあるということです。**預かり保育で遅くまで過ごしていることで、教育課程の時間は疲れ果てているというのでは、預かり保育の意味がありません。子どもの心身の負担や生活リズムを考慮して、家庭や地域それぞれの要請に応えるようにしましょう。

第5に、「適切な責任体制と指導体制を整備した上で行うようにすること」です。預かり保育は教育課程の時間ではありませんが、幼稚園で行う教育です。子どもを見ているだけ、預かっているだけではなく、子どもの育ちや学びにつながることが重要です。そのため、**教育課程の時間を担当**

している教師との連携が重要です。例えば、教育課程の時間と預かり保育それぞれの担当者がお互いの活動を確認し合ったり、緊急時の連絡体制を整えたり、園内研修を一緒に行うなどします。こうして、幼稚園全体で教師間の協力体制を整備していくのです。

　預かり保育は幼稚園で行う教育です。ただ預かるだけではなく、預かり保育を通して子どもの育ちを支えていく必要があります。預かり保育を利用する子どもが増えていることや、家庭や地域だからこそできた体験ができなくなりつつあることを踏まえれば、預かり保育はこれからいっそう重要になっていきます。

2　幼児期の教育のセンターとしての役割

動物公園は すっごい大きい象さんが いっぱいいいるんだ！
みんな ぜったい びっくりするよ！
象さん いっぱい だって
すごいねー はやく いかなきゃ！
幼稚園《うち》の事 覚えてくれて いるんですね
うれしい わね
これからは 地域の子どもたちの 支援も 幼稚園の大切な 役割になってくるわ
役割？

子育ては
体力的にも精神的にも
大変な負荷を
ともなうもので
時には子どもの
育ちやその喜びに
気付かなくなって
いることもあるわ
だから…
私たちが
子育て支援を通して
喜んだり楽しんだりを
できるようにするの
それに子育て支援には
様々な方法があるわ

園だよりの配布や
作品を通じた
情報・体験の共有も
そのひとつ
保護者の方はもちろん
地域の方とも広く
関わりあうことができるわ
でも
ただイベントなどで
一時的にふれあえば
いいんじゃなくて
定期的に関わり合い
意識的につながることが
大切なの
そして
地域にいる
専門家の方や
子育て経験者と
力を合わせることで
保護者の方の
子育て支援を
より良くしていくの

子育てに関する
不安や心配事も
時代とともに
多様で複雑になって
幼稚園だけでは
解決できないことも
増えてきたわ
だから
専門家の方や
子育て経験の
豊富な方
カウンセラー
子育て支援ＮＰＯ
ボランティア団体
そして行政
様々なひとたちと
つながりあう
教育のセンターとして
様々な役割を
果たすことが
幼稚園には必要なのよ
そんな大変なこと
私にもできるん
でしょうか…
大丈夫
ほら見て

つぼみせんせーっ！
はやくいっしょにいこーっ！
地域にとって幼稚園が教育のセンターなら
この子たちには私たち自身がセンターよね
期待にしっかり応えられるようがんばりましょうね
は・・・
はいっ！
ま 待って みんな
早いってばぁ…

3-2 幼児期の教育のセンターとしての役割

幼稚園には、幼児期の教育のセンターとしての役割が求められます。『要領』には、「幼稚園の運営に当たっては、子育ての支援のために保護者や地域の人々に機能や施設を開放して、園内体制の整備や関係機関との連携及び協力に配慮しつつ、幼児期の教育に関する相談に応じたり、情報を提供したり、幼児と保護者との登園を受け入れたり、保護者同士の交流の機会を提供したりするなど、幼稚園と家庭が一体となって幼児と関わる取組を進め、地域における幼児期の教育のセンターとしての役割を果たすよう努めるものとする。その際、心理や保健の専門家、地域の子育て経験者等と連携・協働しながら取り組むよう配慮するものとする」とあります。

ここから3つのことがわかります。まず、幼稚園には保護者や地域に対する子育て支援が求められていることです。子育て支援とは、子育てに関する相談を受けたり助言をしたりすることです。子育ては体力的にも精神的にもきついことがあります。いつの間にか、子どもの育ちや子育ての喜びに気が付かなくなっていることもあります。だから、子育て支援を通して、子どもの育ちや子育てを喜んだり楽しんだりすることができるようにします。保護者の至らないところを責めるのではなく、保護者なりの工夫や努力を認めることで、幼稚園と保護者との間に信頼関係が生まれます。こうした信頼関係がよりよい子育て支援につながっていくのです。

次に、子育て支援には様々な方法があることです。在園児の保護者には、連絡帳、園だより、学級だよりや保護者会、家庭訪問があります。地域の人々には、未就園児の親子登園、子育てに関する講演会や子育て相談会、園庭や教室の開放があります。重要なことは、年に数回の発表会やイベントに参加することではなく、定期的に関わり合い、意識的につながり合うようにすることです。例えば、園庭開放もただ園庭を開放しているだけではなく、教師から参加者に気軽に話しかけたり、保護者同士が親しくなるきっかけを作ったりします。未就園児の親子登園の際は、親子で遊んでいる様子を見ているだけではなく、教師と話をしたり在園児と一緒に遊べるようにしたりします。このように、子育て支援には様々な方法があります。どのような方法であっても、ただやればよいのではなく、幼稚園が中心となって子育てをする人をつないでいくようにすることが重要です。

最後に、専門家や地域の子育て経験者と連携したり協働したりすることです。保護者の働き方も多様になっています。また、外国籍をもつ保護者のように、保護者の文化的な背景も多様になっています。このため、子育てに関する不安や心配も多様で複雑になり、幼稚園だけでは解決できないことも多くなっています。そのようなときは、専門家や子育ての経験者と一緒になって問題に取り組みます。幼児教育の専門家、心理カウンセラー、子育て支援を行うＮＰＯ団体やボランティア団体の力を借りて子育て支援をするのです。特に、児童虐待のように不適切な養育が見られる場合は、児童相談所や市町村へ通告し、連携することが欠かせません。

このように、保護者や地域の子育て支援のために、幼稚園は教育のセンターとして様々な役割を果たすことが期待されているのです。

おわりに

本書では、マンガと解説文を通して『要領』の要点を説明してきました。本書を読むことで、『要領』の重要なところは理解できています。ですから、次は『要領』を読んでください。本書には『要領』の引用がたくさん載っていましたので、親しみをもって読み進めることができるはずです。

本書のおわりに、なぜ『要領』が改訂されたのか、どのような方針に基づいて改訂されたのかについてまとめておきます。

『要領』が改訂された背景には、今の社会に生きる子どもの実態を踏まえた幼稚園教育を行う必要があったことです。今は外遊びする場所も一緒に遊ぶ相手を見つけることも難しくなっています。外で遊ぶ体験が少なくなると、体力や運動能力が育まれません。また、友達と一緒に遊ぶ体験が少なくなると、社会性や協同性も育まれにくくなります。言葉の力も同様です。つまり、子どもの様々な体験が不足することで、これまでは家庭や地域の中で自然と身に付けてきた力を、今は育みにくくなっているのです。だから、幼稚園教育でこうした力を育めるようにしていく必要があるのです。

こうした背景を踏まえて、今回の改訂は次の**3つの基本方針**に基づいて行われました。

第1に、**幼稚園教育において育みたい資質・能力を明確にすることです。**これまでは、幼稚園教育では何を目指すのか、幼稚園教育を通して子どもは何を育んでいるのかが明確ではなかったからです。そこで、「知識及び技能の基礎」、「思考力、判断力、表現力等の基礎」、「学びに向かう力、人間性等」の3つが示されました。これらは、5領域を踏まえた教育を通して育んでいきます。3つの資質・能力は、幼稚園だけではなく、保育所や認定こども園に通う子どもも育む必要があることから、3法令の3歳以上児の教育（5領域）が幼児教育として共通になりました。幼稚園、保育所、認定こども園のどこに通っても幼児教育を受け、3つの資質・能力を育むためです。

第2に、**幼稚園教育と小学校教育との接続を円滑にすること**です。接続とは、幼稚園教育と小学校教育の内容をつなぐということです。そのために、「幼児期の終わりまでに育ってほしい姿」（以下、「10の姿」）が示されました。これは、幼稚園修了時までに子どもに身に付けてほしい具体的な姿です。また、小学校教育の始まりの姿でもあります。幼稚園教育では、「10の姿」を見据えて教師は指導を積み重ねていきます。小学校教育では、育ちつつある「10の姿」を受け取り、さらに伸ばしていきます。具体的には、小学校入学後しばらくは幼稚園教育に近い環境を用意することで、幼稚園と小学校の違いに子どもが戸惑うことなく、小学校の授業に円滑に移行できるようにします。

第3に、**現代社会の様々な課題を踏まえて教育内容を見直すこと**です。子どもを取り巻く社会や生活の環境は変わってきています。例えば、教育課程に係る教育時間の終了後等に行う教育活動（預かり保育）は、これまで以上に重要になります。多くの子どもが預かり保育を利用し、利用の仕方も多様になっているからです。そのため、預かり保育の教育内容の充実が必要です。また、子育て支援も重要です。祖父母も同居しているような大家族が多かった時代と核家族が多い現代では、保護者の子育てに対する負担感は異なります。保護者や地域の中で子育てをする人を孤立させないように、幼稚園は教育のセンターとして様々な役割を果たすことが求められます。

こうした基本方針に基づいて今回の改訂が行われました。しかし、どのように改訂されても、幼稚園教育の基本は変わりません。改訂された箇所だけではなく、環境を通して行う教育のように変わっていない箇所にも目を向けるようにしてください。なぜなら、それこそが、幼稚園教育の基本だからです。

『要領』は、たくさんの研究者や幼稚園教諭が何度も議論を重ねて作られたものです。一つ一つの言葉に意味があります。ですから、何度も読み返して、言葉の意味や背景を考え、幼稚園教育に生かしてください。こうした地道な歩みが、教師の成長につながり、幼稚園教育の質を高めるのです。

本書はたくさんの方の協力によって完成しました。特に、中央法規出版の土屋正太郎さんには、前著から引き続きお世話になりました。

妻・かおりと娘・心結にも感謝します。帰宅後も仕事を続ける私をいつも励ましてくれました。ありがとう。

著者
浅井 拓久也（あさい・たくや）
秋草学園短期大学准教授。専門は保育学。
保育所や認定こども園の顧問も務め、全国で講演会や研修会を行っている。
主な著書は、『マンガでわかる！ 保育所保育指針ー 2017 年告示対応版』（著、中央法規出版、2018）、『子育て支援の専門家―利用者支援専門員の手引き』（共著、吉備人出版、2018）、『すぐにできる！ 保育者のための紙芝居活用ガイドブック』（編著、明治図書、2018）、『活動の見える化で保育力アップ！ ドキュメンテーションの作り方&活用術』（編著、明治図書、2019）、『先輩保育者が教えてくれる！ 連絡帳の書き方のきほん』（著、翔泳社、2019）、『子どもの発達の連続性を支える保育の心理学』（編著、教育情報出版、2019）など多数。

マンガでわかる！ 幼稚園教育要領
2017年告示対応版

2019 年 10 月 25 日　発行
著　者 ……………… 浅井 拓久也
マンガ ……………… トオノキョウジ
発行者 ……………… 荘村明彦
発行所　　　　　　中央法規出版株式会社
〒110-0016 東京都台東区台東 3-29-1 中央法規ビル
営　　業　Tel. 03（3834）5817　Fax. 03（3837）8037
書店窓口　Tel. 03（3834）5815　Fax. 03（3837）8035
編　　集　Tel. 03（3834）5812　Fax. 03（3837）8032
https://www.chuohoki.co.jp/
装幀デザイン ……………… 八木麻祐子（ISSHIKI）
本文デザイン ……………… 戸塚みゆき（ISSHIKI）
作画協力 ……………… 柊めいじ
印刷・製本 ……………… 株式会社ルナテック
ISBN　978-4-8058-5945-2

定価はカバーに表示してあります。落丁本・乱丁本はお取替えいたします。
本書のコピー、スキャン、デジタル化等の無断複製は、著作権法上での例外を除き禁じられています。また、本書を代行業者等の第三者に依頼してコピー、スキャン、デジタル化することは、たとえ個人や家庭内での利用であっても著作権法違反です。